O SAPO QUE QUERIA SER PRÍNCIPE

Rubem Alves

O SAPO QUE QUERIA SER PRÍNCIPE

Memórias de juventude

3ª edição

PAIDÓS

Revisão: Tulio Kawata e Wélida Muniz
Projeto gráfico e diagramação: Negrito Produção Editorial
Capa: Filipa Damião Pinto (@filipa_) | Estúdio Foresti Design
Ilustração de capa: Crown with gems (1859)/Rijksmuseum/Rawpixel
Ilustrações de miolo: Elivelton Reichert

Dados Internacionais de Catalogação na Publicação (CIP)
Angélica Ilacqua CRB-8/7057

Alves, Rubem
O sapo que queria ser príncipe / Rubem Alves. – 3. ed. - São Paulo : Planeta do Brasil, 2025.
224 p.

ISBN 978-85-422-3853-2

1. Alves, Rubem, 1933-2014 - Infância e juventude 2. Escritores brasileiros – Biografia I. Título

25-3920 CDD 928.699

Índices para catálogo sistemático:
1. Alves, Rubem, 1933-2014 - Infância e juventude

MISTO
Papel | Apoiando o manejo florestal responsável
FSC® C019498
FSC www.fsc.org

Ao escolher este livro, você está apoiando o manejo responsável das florestas do mundo

Editora Planeta do Brasil Ltda.
Rua Bela Cintra, 986, 4º andar – Consolação
São Paulo-SP – CEP 01415-002
www.planetadelivros.com.br
faleconosco@editoraplaneta.com.br

SUMÁRIO

A VIAGEM

Saímos de Minas com a promessa de meu pai de que iríamos morar no Rio de Janeiro, numa casa de campainha, chão de taco encerado e jardim. Estávamos a caminho...

A maria-fumaça resfolegava, apitava roucamente, não aguentava a subida, parava onde não era pra parar, precisava descansar para recuperar o fôlego, "foguista, bota lenha na fornalha que se a coisa para, a gente fica cara a cara". O cara a cara não era ruim, pequenas estações fora do mundo que os mapas e o tempo desconheciam. Os relógios não tinham uso. Pra que marcar os segundos e os minutos? Era a passagem do trem que marcava o tempo, só havia dois tempos: o antes do trem e o depois do trem. Os homens tiravam do bolsinho da calça o relógio com corrente de ouro só pra avaliar os atrasos. Mas ninguém ficava bravo. Era assim mesmo, tempo de Minas, tempo que anda sem pressa... Parava para os que desciam e para os que subiam, e nas estações havia empadinhas, pastéis, pães de queijo, café doce e ralo que as mulheres dos maquinistas e foguistas faziam para fazer o tempo passar no cotidiano sempre igual e para ganhar um dinheirinho a mais. Minas Gerais, Rio Grande do Sul, tão longe. Mas as pequenas estações encurtavam as distâncias porque eram iguais, cá e lá. Mario Quintana conta que "os viajantes solitários e os meninos ainda desciam nas estações pobres... para os pastéis, os sonhos, as laranjas...". Tudo igual, mesma cultura que a maria-fumaça construiu...

Lá pelas onze, o trem parava meia hora na estação de Andrelândia. Era o lugar do almoço, o restaurante, a cem metros da estação; era uma grande sala, uma mesa comprida com bancos de madeira dos dois lados; na parede dos fundos estava pintada uma pauta musical com três notas. Quem sabia música, eu sabia , compreendia o que as notas diziam lá, ré, dó, que juntas cantavam Laredo, que era o nome do dono, um italiano que em outros tempos tivera a esperança de ser músico. Fracassado nos palcos da Itália, passou a ganhar a vida vendendo comida numa parada de trem em Minas, o que era bom, porque seu restaurante era o único, não havia concorrência. Primeiro vinha uma sopa fervente que queimava a língua. Enquanto se lutava com a quentura da sopa por meio de assopros e chupadas dolorosas, o tempo ia passando. Terminada a sopa, a boca queimada, já estava quase na hora de o trem partir, era pouco o tempo que sobrava. E assim o Laredo economizava no arroz, no feijão, na carne, nas batatas, que ficavam para o dia seguinte. O maquinista e o foguista, sabedores da esperteza do Laredo, iam direto para o mais substancioso e deixavam a sopa para o final, se desse tempo, antes que o chefe da estação tocasse o sino anunciando que o trem partiria em dez minutos. A viagem prosseguia serra acima, vinha a tristeza do fim de tarde. Por que será que todo fim de tarde é triste? Acho que é porque crepúsculo é despedida. Existe um verso de Rilke que diz: "Quem assim nos fascinou para que tivéssemos um olhar de despedida em tudo o que fazemos?". Com um olhar de despedida, a beleza fica mais triste. Até o voo dos pássaros fica diferente. Foi num crepúsculo que Albert Camus percebeu que o voo dos pássaros pela manhã é diferente do voo dos pássaros ao cair da noite. De manhã, eles voam sem destino, em todas as direções. Ao cair da noite, voam em linha reta, voltando para casa. Tinha uma tristeza dentro de mim. Acho que eram minhas raízes que doíam, arrancadas do chão que era sua casa, para nunca mais...

Já era noite fechada quando o trem chegou. Ainda não era o destino. Barra Mansa era lugar de pernoite. Mas já tinha coisa de cidade grande e nela já se viam algumas amostras das maravilhas que me aguardavam na capital: as luzes de néon que acendiam e apagavam e o elevador de porta pantográfica que nos levou ao quarto no segundo andar do hotel. Mas não pudemos dormir, porque a gritaria na praça varou a noite, e também por causa dos pernilongos.

Dia seguinte, seis da manhã, o resto da viagem. À nossa frente na fila do guichê de passagens, havia uma moça bonita, de quadris redondos. Meu corpo se comoveu sem saber por quê. Devaneei que viajaríamos juntos. Meu pai e minha mãe num banco. Eu e ela num outro. "Primeira classe para o Rio", ela disse. Aí veio a nossa vez, meu pai pedindo as passagens. "Duas e meia de segunda classe..." Estremeci. Eu não viajaria no vagão da moça de quadris redondos. Eu nunca havia viajado de segunda classe. Minha mãe de sangue azul, meu pai rico e eu em vagão de gente da prateleira de baixo? Duvidei então das vantagens que meu pai tinha contado. Descri da riqueza da casa do Rio. Compreendi que aquele trem me levava para um outro mundo: em Minas, eu viajava de primeira classe; no Rio, eu viajaria de segunda classe.

Desde então, nunca mais acreditei nele. Ele acreditava nas estórias que ele mesmo inventava, lindas teias de aranha soltas no ar, sem que estivessem ancoradas em coisa alguma. Vinha o vento e as levava. Aí ele fazia outra teia...

Inventava estórias para distribuir felicidade. Teria sido um grande escritor. É possível que estivesse certo. Para que servir a infelicidade antes da hora? Antes da hora, quando se mora na fantasia, é a hora certa para se servir a alegria... Mas chega a hora da verdade. Quando já estava velho, remando a canoa para a terceira margem do rio, ele se lamentava, falando consigo mesmo, grandes olhos de olhar perdido: "Fiz tudo errado, fiz tudo errado".

A CAPITAL

Chegamos. Meus olhos se arregalaram. Estação da Central do Brasil? Uma catedral imensa, uma abóbada que eu nunca imaginara que pudesse existir. E uma torre altíssima, com um relógio lá em cima. Pra que aquele relógio? Porque, na cidade grande, os minutos e os segundos fazem diferença. Na cidade pequena, é o corpo que dá as horas. Na cidade grande, é uma máquina que dá as horas. Lá o corpo vira máquina.

Hoje as estradas de ferro foram entregues ao abandono, justo as estradas de ferro, transporte de pobre. Em Porto Velho, fui visitar o que resta daquilo que foi a Madeira-Mamoré. Tudo abandonado. As máquinas entregues à ferrugem. O capim cresce viçoso. O prédio onde foi a estação se encontra num alto cheio de árvores. De lá se vê o rio. Agora está ocupado por vários botequins contíguos, cada um com o seu aparelho de som ligado; quem tocar mais alto ganha. É um inferno. Ribeirão Vermelho, que foi centro vital da Rede Mineira de Viação, teve destino semelhante. Quem quiser, pode ir lá ver. A oito quilômetros de Lavras. Porto do Rio Grande. Caminhei pelas ruínas. As oficinas têm o formato de um grande estádio de futebol redondo. O mato tomou conta de tudo. Lá eu vi coisa que nunca imaginara: vagão para transportar defuntos. Ricamente decorado em preto e dourado. No meio, o lugar para o caixão. Em volta, lugar para os chorantes. Ainda havia velas derretidas nos castiçais. Em Rio Branco, sugeri que os professores da universidade deixassem de lado, por um fim de semana, suas teses – é pouco provável que qualquer pessoa da cidade vá lê-las, muito menos entendê-las –, calçassem Havaianas e passassem um dia cuidando do abandono, arrancando o capim, tirando ferrugem das máquinas, pintando o que precisava ser pintado. Acho que trabalho braçal faz bem à cabeça.

Com o abandono das estradas de ferro, é até possível que uma dessas religiões que carregam dinheiro em malas venha a comprar aquela estação que se parece com igreja.

Tomamos o ônibus 12, apelidado de Camões, por ser cego de um olho. Meu pai fazia às vezes de guia turístico e ia anunciando: avenida Presidente Vargas, avenida Rio Branco, Teatro Municipal, Cinelândia, Senado, o mar azul, Hotel Glória, os bondes não precisavam ser anunciados, o palácio do Catete onde morava Getúlio Vargas, a praia de Botafogo, o ônibus parou, a cobradora anunciou "Mourisco", era o ponto final, todo mundo desceu, lá fomos a pé pela rua da Passagem, carregando as malas até o número 35, nossa casa com campainha, jardim, tacos encerados e telefone que funcionava sem telefonista, era só enfiar o dedo no buraco do disco e discar; 269963 era o número do nosso telefone.

Tinha campainha, taco encerado e jardim. Mas não era a casa que eu construíra com as palavras do meu pai. Era parede-meia com uma agência funerária. Quatro janelas rentes à rua. Ao lado direito, uma tripa de terra onde cresciam três moitas de palmeiras areca, um alpendre comprido, a porta de entrada da sala com um vidro quebrado que não era consertado porque por ele se passava a mão para abrir o trinco do lado de dentro. De noite, fomos ver o mar. Ele estava perto. Era uma caminhada de duzentos metros até a amurada de pedra, fim da praia de Botafogo. Debruçado na amurada, fiquei a ver o mar escuro, onde se refletia um luminoso de gás néon que apagava e acendia.

Aos poucos, a casa foi revelando seus mistérios. Na casa de Minas havia os escorpiões com os quais convivíamos pacificamente. Eles andavam devagar e só apareciam raramente quando acicatados pelas formigas. O maior número registrado foi onze, que matamos e guardamos num vidro com álcool. No 35 não havia escorpiões. Antes houvesse. Em vez de escorpiões, baratas. De noite, toda noite, o chão da copa se cobria com centenas de rápidas baratas com antenas que se moviam excitadas. Não picavam. Era o nojo, a meleca cor de pus que saía delas quando pisadas. E havia o perigo de que subissem pelas pernas. As mulheres gritavam ao vê-las, por medo de que subissem pernas acima até lugares proibidos. O que fazer? Quando a barata é uma só, a gente mata. Quando as baratas são centenas, não adianta matar. Qual a vantagem de matar dez baratas? Não faz a menor diferença. Só emporcalha o chão e depois é nojento limpar. Muito mais simples é espantar. E era o que se fazia. A gente batia o pé no chão pra que elas abrissem alas e nos deixassem passar.

Faltava água. O problema era geral. Havia até uma quadrinha que se cantava: "Rio de Janeiro, cidade que me seduz. De dia falta água, de noite falta luz". Primeira lição que se aprende na cidade grande: água é coisa rara. É preciso economizar. Até hoje não aguento uma torneira pingando. Até mesmo em Pocinhos do Rio Verde, onde a água vem direto da mina que verte água sem parar, fecho rápido a torneira. Situação de calamidade pública, antecipação de um apocalipse, quando a água vier a faltar no mundo. Dizem que haverá guerras pela água. A gravidade da crise da água só pode ser avaliada pelo decreto que meu pai baixou, escreveu e pregou na porta da única privada da casa: "Só dê descarga depois que a privada estiver cheia".

A rua da Passagem era a rua da passagem, um estreito corredor por onde se espremia o tráfego que ia do centro da cidade para a Urca, Leme, Copacabana, Ipanema, bondes, ônibus, lotações, caminhões, carros, carroças empurradas por portugueses em camiseta, o suor pingando do sovaco.

Lá em Minas, os meninos afirmavam: "De noite eles soltam a bicharada...". Nunca perguntei quem eram "eles", nem "quem", nem "quando" a bicharada era solta e recolhida, nem "onde" ficava durante dia. No Rio, aprendi que a bicharada ficava solta dia e noite. E não era preciso que alguém a soltasse, porque os bichos de ferro ficavam soltos sempre e não havia ninguém que pudesse prendê-los. Os bichos roncavam, rugiam, apitavam, guinchavam na rua. Da cama, eu os ouvia. A princípio não me deixavam dormir. Depois me acostumei. A gente se acostuma com tudo. Até com o fedor. Gente que mora perto de curtumes não sente a fedentina. Desaprendi o silêncio e aprendi o barulho. Acostumei-me e passei a precisar dos seus sons para poder dormir. Depois de algum tempo, é o silêncio que tira o sono. Porque no silêncio, quando não há bichos soltos do lado de fora, os bichos que moram dentro começam a uivar. O bom do barulho da cidade é que ele abafa os barulhos dos bichos da alma.

COINCIDÊNCIA?

Disse a Adélia Prado que, medo, ela tinha era de não ter mistério. Mas, naqueles tempos, eu achava a poesia uma bobagem muito grande. Assim, nunca vi o mistério que morava na nossa casa, rua da Passagem, 35. Pode o mistério morar vizinho de uma agência funerária? Do lado esquerdo estava uma oficina de consertar bonecas, que nunca me comoveu. Menino não se comove com bonecas. Ignorando tudo, eu não sabia que uma coisa poética acontecia feito uma teia de aranha invisível, me ligando ao outro lado da rua. Só vim a saber e sentir cinquenta anos depois.

Sem juízo, possuído pelo espírito do meu pai, que tomava os sonhos como se fossem realidade, sonhei e fiz: tornei-me dono de um restaurante muitos anos depois, o Dalí. O Guido era freguês constante. Dividíamos o mesmo gosto: uísque e camarão. Aí o câncer o pegou.

O Guido era dois anos mais moço que eu. Uma noite, no restaurante, assentados debaixo da *A última ceia*, do Salvador Dalí, eucaristicamente bebendo uísque e comendo camarão – o Guido já tinha um olhar de despedida –, quis saber dos seus caminhos. "Guido, onde foi que você passou sua juventude?"

"No Rio de Janeiro", ele respondeu.

Uma pequena coincidência. Ele poderia ter passado a juventude em tantas outras cidades... Mas não. Ele a passara no Rio. Eu também.

"Em que bairro você morou?"

"Em Botafogo", ele respondeu.

A coincidência ficou maior. Porque há tantos bairros no Rio: Copacabana, Grajaú, Bonsucesso, São Cristóvão... E eu também morara em Botafogo. Comecei a ficar intrigado. Será que a coincidência iria prosseguir? Não, não seria possível. Há tantas ruas em Botafogo.

"Em que rua era a sua casa?", continuei.

"Rua da Passagem...", ele disse.

Não, não era possível. Era coincidência demais. Mas faltava ainda a última coincidência.

"Qual era o número da sua casa?"

"O número da minha casa? Era o 34..."

O número da minha casa era 35.

Coincidência é acontecer quando o impossível acontece junto sem haver razões. Mas muitos dizem que há razões por detrás das sem-razões da coincidência. É o caso de Arthur Koestler, que escreveu o livro *As razões da coincidência*. Jung, no seu prefácio ao *I Ching*, diz a mesma coisa. Como se a vida fosse um bordado em que as cores saltam, formando padrões de beleza no lado direito. Mas as razões da beleza se encontram no avesso, no confuso traçar das linhas... Como é que, vivendo tão próximos na juventude, no mesmo tempo, no mesmo lugar, nunca nos tivéssemos conhecido? É que o número 34 ficava do outro lado da rua da Passagem. E a rua era um rio profundo onde nadavam muitos monstros. Quem morava numa margem não se comunicava com quem morava na outra.

Como entender que o fio do Guido, saindo do 34, e o meu fio, saindo do 35, pelo avesso, tivessem saído juntos no mesmo lugar do lado direito, cinquenta anos depois? Quando se diz "coincidência", a gente está dizendo "mistério"...

O Guido ficou encantado. Plantei para ele, no meu sítio em Pocinhos do Rio Verde, um ipê branco. Já é uma árvore grande que floresce quando o tempo chega.

O FIM DA GUERRA

A guerra acabou. Perguntei ao meu pai: "Agora que a guerra acabou, sobre o que os jornais vão falar?". Ele respondeu: "Sobre política". Fiquei desapontado. Eu preferia os jornais da guerra. Neles havia heróis, sangue, o estrondo dos canhões, o ronco dos aviões e suas bombas e os mortos... A vida e a morte dançavam. Senti que o mundo havia empobrecido. Na guerra, o destino do mundo estava em jogo. Com a paz, os heróis se aposentam, voltam às rotinas dos seus empregos e engordam. A paz é pobre de emoções.

O GINÁSIO

Aprendi do Murilo Mendes que quem lê é antropófago. Porque os livros são feitos com a carne e o sangue daqueles que escrevem. Meus gostos antropofágicos estabeleceram o meu critério para a escolha de livros a serem lidos. Os livros têm de ter gosto de sangue.

Devoro os textos de Albert Camus. Dele, os de que mais gosto são seus *Primeiros cadernos*, uma coletânea de anotações soltas, sem ligação umas com as outras. Cada uma delas é uma fotografia de um momento: uma visão súbita, não preparada. Em uma das páginas, ele escreveu o seguinte:

> Eu tinha vergonha da minha pobreza e da minha família. E se posso hoje falar com simplicidade é porque já não tenho vergonha dessa vergonha e porque já não me desprezo por a haver sentido. Só conheci essa vergonha quando me puseram no liceu. Antes, toda a gente era como eu e a pobreza parecia-me o próprio ar deste mundo. No liceu foi-me dado comparar.

Essa confissão nos remete ao que anotou na página 31: "Atenção, Kierkegaard, a origem dos nossos males está na comparação".

É uma confissão. É difícil confessar olhando olho no olho. Porque só se confessa o que é vergonhoso. É nos olhos que a vergonha mora.

É assim que os textos sagrados descrevem a gênese da vergonha: "[...] foram abertos os olhos de ambos, e conheceram que estavam nus" (Gênesis 3:7). Os olhos foram abertos? Como assim? Antes estavam fechados? O que é que os olhos passaram a ver que não viam antes? Antes não percebiam que estavam nus?

No paraíso, Adão e Eva tinham olhos de bicho. Olho de bicho só vê. Não sente vergonha. Mas agora, comido o fruto, os olhos de bicho sofrem uma transformação: passam a ver-se através dos olhos do outro. Sinto que um outro me vê. Isso me faz estremecer. O olhar do outro é sem palavras. Mas a palavra que o olhar do outro não diz, eu digo. Imagino zombaria no seu olhar. Ele ri de mim. Sou ridículo. Sinto vergonha e me escondo. A vergonha pede o ocultamento. Adão e Eva cobriram-se com tangas vegetais. Esse gesto de "cobrir as vergonhas" marca o nascimento do homem infeliz.

Não é por acaso que, nos antigos confessionários católicos, os olhos do confessor ficavam escondidos dos olhos do pecador. O lugar da confissão é o lugar onde se diz e se ouve o sórdido. Na moderna confissão comunitária, só se confessam pecados que dignificam o pecador. Uma pessoa que confessa em voz alta, diante dos olhos de todos: "Ó, Deus, perdoa a minha falta de amor para com o meu próximo", se torna objeto de admiração. Ao confessar, ela fica grandiosa no seu pecado. O pecado engrandece.

Talvez seja essa a razão por que a psicanálise se estabeleceu como a arte da escuta cega. O confessante, deitado no divã, olha para o vazio, não vê o rosto do confessor-psicanalista assentado atrás. É possível um psicanalista cego, mas não é possível um psicanalista surdo. A cegueira universal nos liberta da vergonha e da culpa. Longe dos olhos, todas as indignidades são permitidas, sem vergonha. Esse é o tema do terrível livro de Saramago *Ensaio sobre a cegueira*. Esse livro me horrorizou tanto que não consegui lê-lo até o fim. Somente um ano depois reuni a coragem necessária.

Escrevo na solidão do meu escritório. Sozinho, não sinto vergonha, porque não há olhos que me vejam. Confessada como literatura, a vergonha se torna suportável. A literatura é a "feiticeira curante" que pode transformar a vergonha em arte. Ou mesmo em documento psicológico, como é o caso das *Confissões* de Agostinho.

Lendo a confissão de um outro que não conheço, reconheço-me igual a ele na sua confissão. A confissão cria comunhão. O apóstolo Tiago estava certo quando escreveu: "Confessai as vossas culpas uns aos outros [...] para que sareis" (Tiago 5:17).

Eu e Albert Camus somos irmãos. Partilhamos a mesma vergonha. Portanto não temos vergonha...

Também para mim a pobreza se parecia com o ar deste mundo. Eu respirava o ar que todos respiravam. Éramos iguais. Ninguém era pobre. Não havia motivo para a vergonha. Nada havia a ser confessado porque nada havia de que me envergonhar. Eu ainda não tinha necessidade do recurso paradisíaco da "tanga de folhas" chamada "inconsciente" para esconder as vergonhas que eu não tinha.

No ginásio, fui forçado a comparar.

Ricardo Reis assim resumiu sua filosofia tranquila: "[...] sem amores, sem ódios, nem paixões que levantam a voz, nem invejas que dão movimento demais aos olhos". Ele diz numa frase simples o que psicanalistas precisam de um livro para dizer. É simples: as invejas dão movimento aos olhos.

Meus olhos eram tranquilos. Não havia por que comparar. Eu não sabia que era pobre. Aí olhei para meus colegas de ginásio e percebi a diferença. A diferença estava no olhar com que me olhavam. Eles eram mais, e eu era menos. Meus olhos, após terem visto o "mais" dos meus colegas, voltaram-se para mim mesmo e então vi: eu era pobre. A comparação apodreceu a minha felicidade. Escondo-me porque sinto vergonha. Não sou o que os outros são. Falta-me algo. Sou castrado. Estou nu entre os vestidos, como nos sonhos. Nos sonhos, os outros nunca percebem a nossa nudez. Somente nós a vemos e escondemos. A vergonha passa a ser parte de nós mesmos. Temos vergonha mesmo quando estamos sós, só de imaginar... Segundo os poemas sagrados, Deus teve dó de Adão e Eva. Fez-lhes roupas mais adequadas com couros de animais. Os aventais de folhas, tais como os vemos nas obras de arte, estão sempre correndo o risco de cair.

Em Minas, eu era rico; calçava um par de sapatos, por oposição aos pobres, que iam sem sapato. Um par de sapatos era mais do que suficiente. Sem meias.

No primeiro dia de escola no Rio, fui vestido como sempre me vestira em Minas: um par de sapatos sem meias. Foi a chacota. Todos riram de mim. No segundo dia fui de meias. Não riram de mim por causa das meias, mas riram de mim por causa da minha fala. Calçar uma meia é fácil. Calçar uma fala é impossível. Os esses dos cariocas eram dentais chiados, os meus eram palatais. Seus erres eram guturais, escorregando no palato. Meus erres eram de língua torcida, colada no palato. Eles tinham caneta-tinteiro. Eu nunca havia escrito com caneta-tinteiro. Eles tinham relógios. Eu não tinha relógio. Em tudo isso houve algo de bom: eu tinha de usar uniforme, um terno feio de brim cáqui, jaquetão abotoado, calças compridas. Vestindo as calças compridas de uniforme cáqui, fui promovido de criança a adolescente, contra a vontade de minha mãe. Minha mãe não podia mandar o alfaiate cortar as pernas das calças do uniforme como já havia feito. Passei a usar as calças feias de brim cáqui do uniforme em todas as ocasiões, até nos concertos do Teatro Municipal, porque eram as únicas calças compridas que eu tinha.

Os professores atravessavam o pátio cheio de alunos que levava ao prédio das salas de aula como se os alunos não existissem. O professor Lúcio, de história, frio ou calor, vestia-se sempre de casimira azul-marinho, colete e gravata, cabelo preto com gumex, bigodinho de Robert Taylor, óculos ray-ban. Era um modelo de conquistador. Suas aulas aconteciam em meio à fumaça dos cigarros que ele fumava sem parar. Eram ditadas do princípio ao fim. Aprendi muito sobre as dinastias dos faraós egípcios e sobre os imperadores romanos em ordem cronológica, cuja utilidade ainda me será revelada.

O tórax do professor de educação física era uma pirâmide invertida. A cabeça era uma pirâmide menor, com a base assentada sobre o pescoço. Seu umbigo estava firmemente parafusado às costas. Caminhava triunfalmente. Não me lembro do som da sua voz nem de nada que ele tenha ensinado por meio de palavras. Seus principais objetos pedagógicos eram um apito, um cronômetro, uma fita métrica, uma prancheta com os nossos nomes e um lápis. Ele anotava a performance atlética de todos nós na prancheta. Deveria estar cumprindo ordens. Corrida de cinquenta metros, corrida de duzentos metros, salto em altura, salto em distância, subir na corda. Nunca consegui subir na corda. Quando o via fazendo anotações, eu ficava curioso: "O que será que ele vai fazer com os números? Será que está em busca de alguma revelação para o atletismo?". O que terá sido feito delas, as anotações que ele fez no rigoroso cumprimento do dever, como o Acendedor de Lampiões? Será que estão guardadas em algum arquivo para uso futuro?

O professor de inglês tinha nome alemão: Otto Schneider. Suas convicções nazistas eram manifestas. Ao entrar na sala, todos os alunos tinham de se levantar e ficar rigorosamente um atrás do outro. E ele, na frente da classe, passava a tropa em revista, verificando se as cabeças estavam em linha reta. Só dava a ordem de "assentar" depois que a geometria das cabeças estivesse perfeita.

Lembro-me com prazer de um efêmero professor de história. Era o desleixo na roupa, na barba e na fala. Sua aparência física era o normal pelo avesso. Ensinava história pelo traseiro dela, a história. Ditava as aulas como os outros. Por razões totalmente diferentes. Os outros ditavam porque não sabiam o que era ensinar nem o que era aprender. Ele ditava porque o que tinha a ensinar não se encontrava nos livros. Ensinava uma história proibida. Paul Veyne publicou o livro *Comment on écrit l'histoire* em 1971. Está lá: "História não existe. Há somente 'histórias de'... Os fatos não existem. A única coisa que há são intrigas...". Intrigas daqueles que escrevem para os que têm poder. Quase um século antes, Nietzsche já havia afirmado: "Contra o positivismo que diz 'só há fatos', eu diria: não, são precisamente os fatos que não existem, apenas interpretações...". Foi isso que aquele professor ao avesso me ensinou mais de vinte anos antes do livro de Veyne. "Vocês acham mesmo que o imperador Pedro I estava montado a cavalo no alto de um morro e que ele puxou da espada e gritou 'Independência ou morte'? A história não acontece segundo a pintam os pintores por encomenda. O imperador estava com uma diarreia terrível e o que ele falou foi uma série de palavrões e maldições contra o seu pai, em meio a explosões de fezes e ventilações malcheirosas. Os livros de história dizem que cada herói falou uma frase célebre. 'Como é para o bem de todos e a felicidade geral da nação, diga ao povo que fico.' 'O Brasil espera que cada um cumpra o seu dever!' Será que havia sempre um escriba acompanhando os heróis para registrar seus súbitos arroubos literários?" No semestre seguinte, ele não voltou. Acho que o colégio não aprovava professores que revelavam o traseiro da história.

Lembro-me também do Leônidas Sobrinho Porto, de sorriso de criança e rosto rechonchudo. Começou sua primeira aula assim: "Há dois assuntos preliminares que precisamos resolver de início. O primeiro deles é essa caderneta que está sobre a mesa, onde deverei anotar a presença de vocês nas aulas. Quero dizer que todos vocês já têm 100% de presença. Se não quiserem assistir à aula, não assistam. Mesmo assim terão presença. E o segundo são as provas e as notas a que vocês deverão se submeter para passar de ano. Quero dizer que todos vocês já passaram com nota 100. Não haverá provas. Resolvidas essas questões irrelevantes que perturbam o prazer de aprender, podemos agora nos dedicar ao que interessa: literatura...". E aí começou. Ele não ensinava literatura. Não discorria sobre escolas literárias. Não prescrevia leituras a serem feitas nem fichamentos.

O professor Leônidas se transformava em literatura. Ator. Ria e sofria os seus personagens. E nós ficávamos em silêncio absoluto, enfeitiçados, como se estivéssemos num teatro. Lembro-me dele vivendo o amor de Cirano de Bergerac por Roxana. "Beijo é o ponto róseo no i da palavra 'paixão'..." E ele explicava que no francês não era "paixão"; era "amor", "aimer". Melhor seria "o beijo é o ponto róseo no i da palavra amor". Mas em português "amor" não tem i... Não nos ensinou literatura. Ensinou-nos a amar a literatura. Por isso nunca o esqueci. Também foi só um semestre. Nunca mais o vi. É possível que tenha sido mandado embora pela direção do colégio por justa causa: suas cadernetas de presença eram falsas e suas notas também eram falsas. Permite-se que o ensino de literatura seja falso. O que não se permite é que as cadernetas de presença e as notas o sejam. O evangelho dos burocratas começa assim: "No princípio era o Relatório...".

"*Quel est ton numero?*", vociferava o professor de francês apontando para um aluno que rira de um jeito de que não gostara. Era perseguido pela ideia de que estavam rindo dele. E com razão. Ele era muito magro e alto, tinha um rosto em V e um nariz longo também em V. Era fácil de ser caricaturado: um V grande na vertical era a cara; um V menor, na horizontal, no meio do V maior era o nariz. E um o minúsculo debaixo do nariz era a boca. A caricatura estava pronta, inconfundível. Dito o número do aluno que rira, ele o anotava e o entregava na secretaria. Ao fim do dia, o dito aluno sofreria a devida punição.

OS CASTIGOS

A punição era assim: o colégio vazio, todos já haviam ido para casa, o aluno risonho e os culpados de outras transgressões juntos numa sala vazia. As luzes estavam acesas porque já era noite. Cada um se aproximava então do chefe de disciplina assentado à mesa. Não eram necessárias explicações. O castigo era sobejamente conhecido. O aluno lhe estendia um caderno onde ele escrevia dois números. Por exemplo: 235 e 23.500, o 235 debaixo do 23.500. E um sinal de subtração. Como é fácil perceber, 23.500 é 235 multiplicado por 100. O que quer dizer que se, sucessivamente, se subtrair 235 de 23.500, ao fim de cem operações o resultado será zero. Acontece que é praticamente impossível que em cem operações não se cometa um erro. E o resultado, em vez de zero, será um outro número. O que quer dizer que há um erro em alguma das cem subtrações. Quando isso acontecia, era preciso começar tudo de novo. Era noite fechada quando voltávamos para casa.

Dostoiévski, no seu livro *Recordações da casa dos mortos*, em que descreve a vida de prisioneiros na Sibéria, disse haver descoberto um trabalho que os enlouqueceria. Bastaria que houvesse duas piscinas: uma cheia d'água, outra vazia. O trabalho dos prisioneiros seria transferir com baldes a água da primeira piscina para a segunda. No dia seguinte, transfeririam a água da segunda piscina para a primeira. No terceiro dia, transfeririam a água da primeira piscina para a segunda. E assim por diante. Não era um trabalho excessivamente árduo: carregar baldes de água. Por dez anos, por trinta anos, pelo resto da vida. Sempre uma piscina estaria cheia e outra estaria vazia. O que enlouquece não é o trabalho forçado; é a falta de sentido. Imagino que a pessoa que imaginou as cem subtrações fosse um leitor de Dostoiévski...

ALUNOS E ALUNAS

Os alunos e alunas, naturalmente, se dividiam em dois grupos: os bonitos e ricos, e os feios e pobres. Os alunos do primeiro grupo formavam uma confraria fechada, como aquelas dos *colleges* americanos, Phi Delta Kappa, Lambda Gama Pi. Os alunos do segundo grupo eram solitários e jamais eram convidados para as festinhas dos ricos. Nunca fui convidado por um colega para ir à sua casa nem convidei nenhum colega para ir à minha, por vergonha. Se o fizesse, no dia seguinte toda a classe saberia que eu morava ao lado de uma empresa funerária.

As meninas se dividiam em meninas bonitas de seio grande e meninas feias de seio murcho. As meninas bonitas de seio grande usavam sutiãs em forma de cone na horizontal, o que me fazia imaginar aríetes de guerra de galeras romanas. As outras tratavam de se esconder.

Ela era magra, blusa murcha, sem seios, rosto espinhento, tão sem graça, tão cheia de silêncio, curvada em C, querendo ser invisível para que ninguém a visse. Nunca ouvi a sua voz, nunca vi um sorriso seu. Estava sempre sozinha. Um dia, ela chegou atrasada. A classe toda assentada. Ela, que sempre se escondera dos olhos dos outros, estava agora no centro do palco. Todos os olhares estavam fixados nela. Aí o terrível aconteceu: um colega assobiou. A classe inteira caiu na gargalhada.

Ela não disse nada, caminhou para a sua carteira, as lágrimas escorrendo pelo rosto.

Que aquele colega tivesse assobiado até posso entender, com o pouco de psicanálise que sei: uma mistura de sadismo e desejo de ser engraçado à custa de uma menina fraca e feia. O que me horrorizou foi a reação coletiva: todos riram. Riram da colega. O riso coletivo a colocou num palco, no lugar do ridículo.

A raiva tem memória boa. Passados mais de cinquenta anos, vejo hoje a cara debochada do assobiador, rindo...

Ela é a única colega cujo nome guardei na memória, nome e sobrenome.

COMPAIXÃO

Minha neta Camila, de onze anos, estava à mesa, almoçando. De repente começou a chorar e foi para a sala de televisão. Fui atrás dela, para saber o que estava acontecendo. Foi isto que ela me disse: "Vovô, quando vejo uma pessoa sofrendo, eu sofro também. O meu coração fica junto ao coração dela...". Ela chorava porque se lembrara de alguém que estava sofrendo.

Leia, bem devagar, isto que Ricardo Reis escreveu: "Aquele arbusto fenece, e vai com ele parte da minha vida. Em tudo quanto olhei fiquei em parte. Nem distingue a memória do que vi do que fui".

Imagino que aqui se encontra uma das marcas da nossa humanidade. Vejo algo fora de mim. Mas os meus olhos trazem o que está fora para dentro. "Aquele arbusto", ora, aquele arbusto... Vegetal, nada tem a ver com o poeta. Mas os meus olhos o veem e percebem que ele está fenecendo. Sou movido por uma imensa e irracional compaixão. Recolho o arbusto que fenece dentro de mim. E eu feneço também.

Sou o que penso? Sou o que vejo. Meu corpo é do tamanho do meu olhar. Os olhos do poeta têm braços que vão até as estrelas.

Tenho dó das estrelas luzindo há tanto tempo, há tanto tempo... Tenho dó delas. Não haverá um cansaço das coisas, de todas as coisas... Um cansaço de existir, de ser, só de ser, o ser triste brilhar ou sorrir...

O moço viu a moça feia. Mas os seus olhos não a trouxeram para dentro de si. Não eram olhos de poeta. Assobiou...

OS FRANGOS

É conhecimento comum que o coração humano se parece com o coração das galinhas. O inglês chegou a cunhar a palavra *chickenhearted* para descrever uma pessoa medrosa. Nos anos da minha infância, em Minas, era verdade inconteste que quem comia coração de galinha ficava medroso. Se a semelhança se reduzisse a isso, estaria bem. Mas há semelhanças mais sinistras. Antigamente, nas casas do interior, os frangos eram guardados vivos num galinheiro no quintal para engordar, à espera da faca. Os habitantes do galinheiro já estavam acostumados uns com os outros e viviam em paz. Entretanto, quando um frango novo era colocado no galinheiro, ele se tornava objeto das bicadas de todos os outros. Esta era a regra: frango novo, que não é parte da turma, tem de apanhar. Não era coisa que precisasse ser ensinada. Estava inscrito no cérebro dos galináceos. O frango não tinha nem como se defender nem como fugir. Magro e solitário, ele nada podia fazer. Conformava-se. Apanhava quieto sem reagir.

No ginásio, eu fui o frango magro. Apanhei. Era simples: "Vou te pegar na saída". Sem razão alguma. Aprendi a engolir o medo e a humilhação em silêncio. Esta é a primeira vez que confesso essa vergonha, protegido pela solidão do meu escritório. Fui covarde e medroso. Deveria ter reagido, ainda que apanhasse. Nem meus pais souberam. Eles não saberiam o que fazer. Minha mãe repetiria o único conselho que tinha para dar, não sei se aprendido da sabedoria do Agenor: "Quando um não quer, dois não brigam". Grande verdade! Quando um não quer, dois não brigam. Um bate e o outro apanha. Apanhei.

Foi lendo um poema de Fernando Pessoa que criei coragem para relatar essa vergonha. Vejam a confissão:

Nunca conheci quem tivesse levado porrada.
Todos os meus conhecidos têm sido campeões em tudo.
Toda gente que eu conheço e que fala comigo
Nunca sofreu enxovalho,
Nunca foi senão um príncipe...
Eu, que quando a hora do soco surgiu,
Me tenho agachado para fora das possibilidades do soco...

Passados sessenta anos, quando me lembro, meu rosto se transforma pela vergonha e pelo ódio. Eu não fui o único. É a regra. Os que não sabem se defender apanham dos valentões.

BULLYING

Essa experiência me fez sofrer tanto que quero me demorar um pouco mais sobre ela. Seu nome é bullying. Em inglês, o *bully* é o valentão, um tipo que, valendo-se do seu tamanho ou musculatura, frequentemente acompanhados da atrofia de inteligência e de sentimentos, tem prazer em bater nos mais fracos. Por vezes, o bullying não se expressa por meio de murros e tapas. Basta a chacota e a zombaria. Sentem-se felizes quando a vítima se sente ridícula. O bullying é diferente das brigas que acontecem entre iguais, provocadas por algum motivo. Essas brigas acontecem e acabam. O bullying, ao contrário, é contínuo e sem motivo. A vítima, ao se preparar para ir à escola, sabe o que a aguarda. Gostaria de fugir, mas não pode. E não há nada que possa fazer para que o bullying não aconteça. Informar os professores só agravará a sua situação. Misturado ao medo, cresce o ódio, o desejo de vingança e as fantasias de destruir os agressores que, um dia, poderão se transformar em realidade. Ir à escola é um sofrimento diário e silencioso.

Sadismo é uma deformação espiritual. O sádico é uma pessoa que sente prazer ao produzir ou contemplar o sofrimento de um outro. Relata-se que torturadores chegam a ter ejaculações ao ver o torturado contorcendo-se de dor.

Cléo Fante escreveu um livro perturbador sobre isso, *Fenômeno bullying*, do qual vou retirar alguns casos dramáticos.

Edimar era um jovem humilde e tímido de 18 anos que vivia na pacata cidade de Taiuva, no estado de São Paulo. Os seus colegas fizeram-no motivo de chacota porque ele era muito gordo. Puseram-lhe os apelidos de "gordo", "mongoloide", "elefante-cor-de-rosa" e "vinagrão", por tomar vinagre de maçã todos os dias, no seu esforço para emagrecer. No dia 27 de janeiro de 2003, ele entrou na escola armado e atirou contra seis alunos, uma professora e o zelador, matando-se a seguir. Foi o caminho que encontrou para vingar-se e escapar das humilhações que não tinham fim.

Denilton era um adolescente de 17 anos, tímido e introvertido. Na cidade de Remanso, na Bahia, foi submetido por anos a fio a humilhações e chacotas por parte dos colegas. Até que chegou o momento de não aguentar mais. Resolveu se vingar. Com esse objetivo, foi à escola, que estava fechada. Dirigiu-se então à casa do seu agressor principal. Lá chegando, chamou-o pelo nome e o matou na porta da casa com um tiro na cabeça. Dirigiu-se, então, à escola de informática onde estava matriculado, em busca daqueles que lhe haviam roubado a alegria de viver. Atirou em funcionários e alunos, atingindo fatalmente na cabeça uma secretária. Foi imobilizado e detido quando tentava recarregar a arma.

Em Patagones, na Argentina, Rafael, um jovem de quinze anos, tímido e com dificuldades de relacionamento e considerado esquisito pelos colegas, foi apelidado de "bobão". Diziam que ele era de um outro mundo. Após a execução do Hino Nacional, o garoto dirigiu-se para a sala de aula dizendo: "Hoje vai ser um lindo dia". De repente, começou a atirar contra as paredes, contra pessoas, matando três meninas, um menino e ferindo mais cinco. Finalmente, ajoelhou-se em estado de choque e entregou-se à polícia.

Luís Antônio, um garoto de onze anos, sempre gostou de estudar. Ao se mudar de Natal para Recife, entretanto, começou a apresentar um comportamento estranho: não mais queria ir à escola. Seu sotaque diferente passou a ser motivo da caçoada e da violência de colegas que "não iam com a sua cara". Batiam-lhe, empurravam-no, davam-lhe murros e chutes. Na manhã do dia fatídico, antes do início das aulas, apanhou de alguns meninos que o ameaçaram com a "hora da saída", essa é a hora preferida para as violências. Aterrorizado, por volta das dez e meia saiu correndo da escola e nunca mais foi visto. Um corpo com características semelhantes ao do dele, em estado de putrefação, foi conduzido ao IML para perícia.

Não são casos isolados. O bullying é um fenômeno universal. Diariamente, ele atinge milhares de crianças e adolescentes que são marcados emocionalmente na sua autoimagem e na aprendizagem. Uma criança apavorada não pode aprender. Mas não conheço nenhuma teoria pedagógica que preste atenção a esse fato. No entanto, os seus efeitos são mais importantes do que tudo que possa ser ensinado.

VOCÊ É RIDÍCULO

O Benjamin era um colega que estufava feito um sapo, cheio de gabolices, se dizia filho de um governador de um dos estados do Norte. Não tinha um rei dentro da barriga, mas que tinha um deputado, isso tinha. Viera ao Rio para estudar, certamente preparando-se para seguir a carreira política que lhe estava destinada. Era cor de cera, ria mostrando dentes de ouro e gabava-se de que sua palavra nunca voltava atrás. No livro de leitura havia um texto que começava assim: "Chegada a época feliz da regeneração da política brasileira...". Era um texto em que José Bonifácio se dirigia à Assembleia Constituinte. O Benjamin se deslumbrava com ele. Ele inchava, sorria e dizia: "Já imaginaram? Eu, na Câmara, fazendo esse discurso...". Ele tinha clara consciência da sua superioridade. Houve uma única vez em que ele me dirigiu a palavra. Era o recreio. Eu estava sozinho. Ele veio até mim, olhou-me com profundo desprezo e disse: "Você é ridículo".

UMA GRANDE FELICIDADE

O ginásio me deu uma grande felicidade. Era uma felicidade boba para quem não sabe da estória. Fiquei feliz porque o colégio me obrigava a usar uniforme, um cáqui feiíssimo, jaquetão. As razões por que um uniforme assim tão feio tivessem sido motivo de felicidade é isso que passo a relatar. O que vou fazer é repetir a explicação que já dei no meu livro de memórias de infância, *O velho que acordou menino*. Mas os fatos, da forma como os lembro agora, assumem uma configuração diferente nesse caleidoscópio que é a minha cabeça. Os cacos de vidro são os mesmos. A estética é outra.

Acho que minha avó não gostava muito da condição de mãe, especialmente porque seus filhos eram filhos do seu marido, o capitão Evaristo, que ela desprezava e chamava de palhaço. Fico a imaginar como teria sido a estética da realização das obrigações conjugais necessárias para a geração de filhos. Deixo que o leitor também imagine.

Nenhum dos filhos da minha avó a chamava de "mamãe". Essa palavra era inexistente nas conversas de família. Os filhos a chamavam de "Dodoca".

Minha mãe era uma mulher frágil como a asa de uma libélula. Viveu amedrontada a vida inteira. Atribuo isso ao fato de que ela tinha mãe e não tinha. Quem a criou foi uma escravizada negra, Iaiá, que lhe ensinou estórias de Angola que minha mãe guardou, contou e cantou.

Minha mãe não tinha coragem de pensar seus pensamentos. E, como é bem sabido, o medo impede o pensamento. De modo que sua filosofia de vida, a asa da libélula, ela a fez com fragmentos de sabedoria de pessoas que ela amava. Em especial do Agenor, irmão que era objeto de sua adoração. Quando queria dizer que uma declaração era verdade final, não cabendo contestação, ela acrescentava: "O Agenor falou".

Sua vida inteira foi vivida sob o terror da morte, que ela tratava de exorcizar. Jamais dormia do lado esquerdo. Essa posição podia comprimir o coração. Também achava que a vida era um fluido, combustível, que nos era injetado numa quantidade exata, não existindo a possibilidade de reabastecimento. A morte acontece quando o combustível acaba. Deduz-se, daí, que uma vida intensa provoca um maior gasto de combustível e, consequentemente, uma diminuição no tempo da vida que nos resta. O que mais combina com uma vida longa é a inércia. "Nunca fique de pé quando puder estar assentado e nunca fique assentado quando puder estar deitado." Já bem velha, ela não admitia qualquer mudança na sua rotina. Mudar de casa, ainda que fosse para uma melhor, nem pensar. Velho que muda morre, ela afirmava com absoluta certeza. Velho não morre por estar velho, morre por mudar. Assim, se o velho não mudar de casa, ele não vai morrer. Uma vez, me visitando, recusou-se a tomar de manhã o café com leite numa caneca, como era costume na minha casa, sob a alegação de que não estava acostumada. Tivemos de providenciar com rapidez xícara e pires.

A morte marca o tempo pelas mudanças. E uma das mudanças mais terríveis é quando um filho deixa de usar calças curtas e passa a usar calças compridas. Se os filhos estão usando calças curtas, a morte os vê e conclui: "Essa mãe ainda tem filhos pequenos para criar. Não posso levá-la agora". Assim, graças ao artifício das calças curtas, a morte é enganada. Mas quem pagava o pato nessa estória éramos nós, os filhos. Todos os meninos da nossa idade, pernas peludas, já usavam calças compridas. Nós, não. Meu irmão mais velho andava se escondendo nos vãos dos muros por causa das pernas peludas. E foi assim também comigo.

Aconteceu, entretanto, que era preciso comprar uma roupa para mim. Fomos os três, meu pai, minha mãe e eu a uma loja na rua Uruguaiana. O balconista nos mostrou um lindo terno, paletó e calças compridas. Minha mãe, acho que pensando no que acabei de expor, perguntou: "O senhor não tem ternos de calças curtas?". Respondeu o vendedor: "Minha senhora, seu filho não é mais menino. É um moço". Era a primeira vez que eu via um homem enfrentar minha mãe nessa questão de profundidade metafísica. Nem o meu pai... Ele, o meu pai, conhecia a obstinação da minha mãe em todos os pequenos rituais para afastar a morte. Era inútil argumentar. Conversa vai, conversa vem, meu pai e minha mãe resolveram comprar o tal terno de calças compridas. O que senti foi indescritível! Finalmente eu seria promovido à categoria de homem. Não precisaria mais me envergonhar diante dos meus amigos e das meninas. Foi quando, ao se despedir do vendedor, minha mãe se dirigiu a ele e disse: "Mas o senhor mande cortar as pernas da calça". Esse relato foi necessário para explicar as razões por que o ginásio me deu grande felicidade: o uniforme era de calças compridas. Passei a usar as calças do uniforme para todas as ocasiões: cinema, passeios, igreja... Mas minha mãe, vendo-me usando calças compridas, acho que ficou com mais ansiedade em relação à morte.

NARCISO

As memórias não andam em linha reta. Certo estava o Riobaldo quando disse:

> A lembrança da vida da gente se guarda em trechos diversos; uns com os outros acho que nem não se misturam. Contar seguido, alinhavado, só mesmo sendo coisas de rasa importância. Tem horas antigas que ficaram muito mais perto da gente do que outras de recente data.

Assim é porque há dois tipos de memória. As memórias das coisas de rasa importância são guardadas em gavetas, organizadas na devida ordem de tempo e espaço, espaço esse a que Freud chamou de "consciente".

Mas as memórias das coisas de funda importância são guardadas num lugar onde não há nem tempo nem espaço, onde a bagunça é total. Lá não se distingue antes de depois, nem perto de longe. É o lugar a que Freud deu o nome de "inconsciente".

Digo isso para justificar um pulo que meu pensamento vai dar.

Edgar Allan Poe escrevia contos de horror. Mas escreveu também um manual sobre decoração de casas. No seu manual, ele abriu um espaço em que trata de determinar o lugar onde se devem colocar os espelhos. Mas então existe isso, um lugar certo para se colocar os espelhos? A regra é simples: nenhum espelho deve ser colocado num lugar onde uma pessoa se veja refletida nele sem querer. Compreendi então a relação que pode haver entre decoração de casas e o horror. É que o súbito e inesperado encontro com a imagem da gente pode provocar tanto susto quanto um fantasma.

Os calvos sempre levam susto na cadeira do barbeiro quando este, solícito, terminado o corte e para provar a sua arte, coloca o espelho atrás da nuca para que o calvo se veja por trás. Desgraçada delicadeza! Não sabe ele que essa imagem é a que os calvos mais detestam? Não será humilhação suficiente que eu me veja calvo olhando de frente, coisa que não posso evitar, e o barbeiro, sem a minha autorização, coloca o espelho num lugar onde nunca deveria colocar? Não quero ver-me por trás... Fecho os olhos. Compreenderam agora o cuidado de Poe?

Para se ver no espelho, a pessoa há de se ir preparando espiritualmente, se compondo esteticamente enquanto caminha para ele.

Aconteceu comigo. Ia entrando distraído num hotel em Belo Horizonte quando levei um susto: minha imagem apareceu refletida num espelho enorme, sem que me tivesse preparado devidamente para isso. Vi-me um velho, eu... Claro que sou velho. Mas, se me tivesse preparado, eu teria ficado ereto, teria levantado o queixo, teria passado a mão no cabelo, teria arrumado minha roupa! Vi-me, pego de surpresa: a barbela de nelore, flácida; a calva luminosa, os poucos cabelos brancos que me restam desgrenhados; as linhas verticais do rosto apontando para o meu destino, a terra... Fui possuído pelo espírito da madrasta da Branca de Neve: odiei o espelho. Tive vontade de quebrá-lo. Dirigi-me imediatamente ao gerente. Informei-o do perigo daquele espelho no saguão do hotel. Falei-lhe sobre a regra de Poe. Muitos hóspedes ficariam horrorizados ao ver a sua imagem e não voltariam ao hotel. Os velhos, os calvos, os feios, os magricelas, os obesos, os baixinhos. O gerente se assombrou. "Eu nunca havia pensado nisso...", ele disse. Não sei se ele tirou o espelho. Acho que não. Gerentes de hotéis e restaurantes adoram espelhos! Eles dão um ar de chiqueza ao ambiente.

No seu livro sobre fotografia, Barthes observou que é impossível que uma pessoa, sabendo-se diante da objetiva de uma câmera fotográfica, não faça "pose", ainda que seja a pose de não fazer pose. Ali estou eu, assentado, distraído, entregue à naturalidade do meu corpo, o corpo sem pensar em si mesmo. De repente, aparece à minha frente um fotógrafo que me mira com sua máquina fotográfica. Meu corpo é cutucado pela câmera e desperta de sua distração. Componho-me. Aquele corpo distraído não é o meu verdadeiro corpo. Como se eu estivesse usando uma roupa velha e amassada. Passo-me a ferro. Faço pose. A pose é o sutil movimento que o corpo faz para ajustar-se à sua essência.

Olhando para uma foto, dizemos com desgosto: "Eu não estou bem nessa fotografia..." (Minha pose não funcionou...) O que quer dizer essa afirmação "eu não estou bem"? Como é que sei que não estou bem? Esse "eu não estou bem" resulta da comparação que faço entre a fotografia à minha frente e a imagem em que "eu estou bem" e mora na minha fantasia.

No *Livro do desassossego*, Fernando Pessoa comenta o seu desgosto ao ver-se numa fotografia tirada no escritório onde trabalhava. "Pareço um jesuíta frustro. A minha cara magra e inexpressiva nem tem inteligência, nem intensidade, nem qualquer outra coisa..." (Se ele pudesse, picaria a foto e a jogaria no lixo para que ninguém a visse. Eu mesmo já fiz isso várias vezes.) Nesse momento, chegou o chefe Moreira, que confirmou a exatidão do retrato: "Você ficou muito bem". E, virando-se para um empregado que o acompanhava, comentou: "É mesmo a carinha dele".

É Gustavo Corção que relata. Ele ia pela rua do Ouvidor, Rio de Janeiro. Parou diante da vitrina de uma loja. Viu lá dentro um ancião de rosto familiar, embora o seu nome não lhe acudisse à memória. O discreto sorriso do ancião indicava que ele o reconhecera. Levou então a mão ao chapéu para cumprimentá-lo. O ancião teve a mesma ideia, no mesmo momento: levou também a mão ao chapéu, para cumprimentá-lo. A única diferença foi que Gustavo Corção pegou o chapéu com a mão direita e o ancião pegou o chapéu com a mão esquerda...

Ser velho é um jeito diferente de lidar com fotografias e espelhos. Escreveu a Adélia (sempre que escrevo Adélia é Adélia Prado que quero dizer. Se escrevo Adélia Prado dá um ar de muita importância. Mas a Adélia é amiga de comer frango com quiabo, angu e pimenta. O jeito de escrever um nome é um jeito de pôr a pessoa portadora daquele nome numa prateleira. Classificatória de importâncias. Nas teses universitárias, eu, Rubem Alves, não existo. O que existe é (Alves, 1994). Coisa de americano e europeu. Antigamente, os exames de mestrado e doutoramento eram uma piada para quem tem olhos de palhaço. Os atacantes assentados atrás de uma mesa, usei a palavra "atacantes" por uma exigência semântica. O nome do evento é "defesa de tese". Ora, só existe "defesa" se houver um "ataque". Numa cadeira, isolado, trêmulo, o "defensor". Durante a semana, os atacantes e o defensor se tratavam por você e tomavam cerveja juntos. Mas ali, naquele evento solene, os atacantes o tratavam por "Vossa Senhoria" e o defensor os tratava de "Vossa Excelência". E houve mesmo um tempo em que os atacantes tinham de ir vestidos com vestes talares. Se não sabem o que são vestes talares, eu também não sabia. Vi esse nome pela primeira vez num ofício que a alta direção da Unicamp me enviou dizendo que, para uma solenidade, eu deveria ir vestido de "vestes talares". Que alugasse uma se não tivesse...).

Mas, voltando aos retratos e espelhos, a Adélia escreveu:

> Velhice é um modo de sentir frio... O modo do cachorro enrodilhar-se quando a casa se apaga e as pessoas se deitam. Divido o dia em três partes: a primeira pra olhar retratos, a segunda pra olhar espelho, a última e maior delas pra chorar.

Menino, assentado na cadeira do barbeiro, eu filosofava ao ver o meu rosto refletido no espelho: "O espelho me copia. Estou dentro dele. O que é que o espelho vai copiar se não houver nada diante dele para ser copiado?".

Visitando a mansão de um homem rico que a breguice de tudo me dizia ser um *nouveau riche*, precisei ir ao banheiro. Foi um espanto. Todas as paredes do banheiro, inclusive o teto, eram espelhos. Vi-me refletido vezes infinitas à direita, vezes infinitas à esquerda... Nesse caso, os espelhos não refletiam o vazio porque eu estava lá. Mas o que é que eles refletiriam quando não houvesse ninguém no banheiro, quando o vazio de um espelho refletisse o vazio do outro? Qual é a imagem do vazio?

No salão do barbeiro, cheguei a imaginar uma sala de forma esférica cujas paredes eram espelhos. O que é que esse espelho esférico refletiria? O que aparece refletido quando o nada reflete o nada?

Por várias vezes, uma coisa estranha me tem acontecido. Estou com um pensamento na cabeça e então, andando a esmo entre os meus livros, tiro de uma estante um livro qualquer, livro que nunca li. Abro o livro também a esmo e ali está o complemento do pensamento que eu estava pensando. Aconteceu agora mesmo, manhã de sábado, ao pôr em ordem pilhas de livros que tiro das estantes e não coloco no lugar. Tirei um livro fino da estante. Era um livro de poemas de R. S. Thomas, *Counterpoint*, que eu nunca tinha lido. Abri, deu na página 12. Leio:

> Quem pode ler a mente de Deus?
> Dois espelhos, um ecoando o outro?
> O que é a virgindade
> dos espelhos? Serão eles superfícies
> de funduras que a mente
> esconde quando se examina
> de perto?*

O Riobaldo explica melhor que eu. "Ah, naqueles tempos eu não sabia, hoje é que sei: que, para a gente se transformar em ruim ou em valentão, ah basta se olhar um minutinho no espelho – caprichando de fazer cara de valentia; ou cara de ruindade". O covarde, ao se ver valente na imagem virtual do espelho, fica valente. Do nada surge o ser. A ontologia sartriana do ser e do nada é fácil de entender porque todo ser vira nada. Mas a ontologia do nada e do ser, essa é que é fascinante: do nada nasce o ser.

* Who can read God's mind? / Was it two mirrors echoeing/one another? / What is the virginity/of mirrors? Are they surfaces / of fathoms which mind / clouds when examining itself / too closely?

Quem quiser saber mais sobre o assunto que leia os poemas do *Tao Te Ching*...

Acontecia assim com o meu amigo coronel Antônio. Contou-me que, quando menino, gostava de ficar diante do espelho se contemplando. Os grandes perguntavam: "O que é que você está fazendo aí na frente do espelho, menino?". Ele respondia: "Estou vendo a minha tristeza". "E pra que é que você está vendo a sua tristeza?"; "Pra chorar". E chorava...

Será que existe um Ser que mora no Nada do interior do espelho? Lewis Carroll brincou com essa possibilidade. Fez Alice atravessar o vidro e entrar no mundo que existe no que não existe: o dentro do espelho. Escher fez coisa parecida. Desenhou um espelho e as criaturas que passeiam na frente e atrás dele.

O que não existe é tão poderoso que pode até matar. Picasso fez um desenho de uma ninfa matando um monstro que a agarrava, mostrando-lhe sua cara horrenda num espelho.

Livros são espelhos. Gostamos de um livro não por causa de eventuais informações que ele nos passe, mas porque nos vemos refletidos nele. A literatura é um caminho transversal para incursões no inconsciente. Uma vez, na cidade de Juiz de Fora, encontrei-me com um jovem desconhecido que, sem se apresentar, fez-me uma pergunta brusca: "Quem lhe deu permissão para entrar dentro da minha alma?". Tradução: vejo-me refletido nas coisas que você escreve. Respondi: "Nunca entrei dentro da sua alma. Entrei dentro da minha alma e a sua estava lá...". Tradução: "a arte é a comunicação aos outros de nossa identidade íntima com eles" (Bernardo Soares).

Toda criança conhece a estória da Bela Adormecida. Uma bruxa a enfeitiçara para que ela dormisse até um Príncipe a despertar com um beijo.

Fernando Pessoa recontou essa estória no seu poema "Eros e Psique", dando-lhe um final inesperado:

Conta a lenda que dormia
Uma Princesa encantada
A quem só despertaria
Um Infante, que viria
De além do muro da estrada.

Ele tinha que, tentado,
Vencer o mal e o bem,
Antes que, já libertado
Deixasse o caminho errado
Por o que à Princesa vem.

A Princesa Adormecida,
Se espera, dormindo espera.
Sonha em morte a sua vida,
E orna-lhe a fronte esquecida,
Verde, uma grinalda de hera.

Longe, o Infante, esforçado,
Sem saber que intuito tem,
Rompe o caminho fadado.
Ele dela é ignorado.
Ela para ele é ninguém.

Mas cada um cumpre o Destino –
Ela, dormindo encantada,
Ele buscando-a sem tino
Pelo processo divino
Que faz existir a estrada.

E, se bem que seja obscuro
Tudo pela estrada fora,
E falso, ele vem seguro,
E, vencendo estrada e muro,
Chega onde em sono ela mora.

E, inda tonto do que houvera,
À cabeça, em maresia,
Ergue a mão, e encontra a hera
E vê que ele mesmo era
A Princesa que dormia.

Eu fico a pensar: o que levou o Infante esforçado a empreender sua viagem? O que buscava? Diz o poema que ele não sabia o seu intento. Caminhava sem saber o que procurava. O que o fazia caminhar? O Destino, o desejo dos deuses ou o desejo da alma? Na estrada, tudo era obscuro. Apesar de nada saber, ele vai seguro, até chegar ao destino que ele mesmo ignorava. E o que é que ele, sem saber, procurava? Está dito no final do poema: ele procurava a sua própria beleza. Se amamos uma pessoa, nós a amamos não pela beleza dela, mas pela beleza nossa que aparece refletida nos olhos dela… Somos Narciso diante da fonte, enfeitiçado por sua própria beleza.

Em *O direito de sonhar*, Bachelard escreveu: "O psicanalista explica a flor pelo estrume". Para a psicanálise clássica, a beleza é a máscara que a feiura cria para ocultar-se. A verdade da beleza da Bela é a Fera que morava nela. No fundo da alma, um drama de horror faz o seu trabalho – engano, assassinato, incesto: Édipo.

Mas existe a possibilidade do contrário. Nietzsche, em *Assim falou Zaratustra*, dizia: "O fundo do meu mar é tranquilo: quem poderia imaginar que nele vivem monstros brincalhões? Minhas profundezas são imperturbáveis. Mas elas cintilam com enigmas e risos nadantes". É o "inconsciente tranquilo" de Bachelard.

Essa visão das nossas profundezas vem de Sócrates. Todos estamos grávidos de beleza, ele afirmava. Beleza que deseja sair, como a criança que vai nascer sai de dentro da mãe. Todos queremos ser belos. É essa nostalgia pela beleza que movimenta a alma. Nas palavras de Milan Kundera, "o homem inconscientemente compõe a sua vida segundo as leis da beleza mesmo nos instantes do mais profundo desespero" (*A insustentável leveza do ser*).

Assim, por oposição ao fundador da psicanálise, acredito que o mito fundador não é Édipo. É Narciso. O fundo da alma é um espelho.

Narciso era a mais bela dentre todas as criaturas que viviam nos campos e bosques. Tão belo era que ao ver sua imagem refletida nas águas especulares de uma fonte apaixonou-se por ela, pela imagem, sendo incapaz de afastar-se dali. Se o fizesse, perderia a imagem que amava porque, nos espelhos, as imagens são efêmeras. E, por não querer se separar da sua beleza, ficou diante dela até morrer. Se somos belos, vale a pena morrer... Foi, então, transformado nessa flor que se chama narciso.

Há uma continuação desse mito cujas origens desconheço. Relata que, depois da morte de Narciso, as criaturas do bosque, dilaceradas pela tristeza da sua morte, lembraram-se de que, de todas elas, a que mais contemplara Narciso fora a Fonte. Foram até ela e pediram:

"Fonte, fale-nos sobre a beleza de Narciso!"

A Fonte retrucou: "Narciso era belo? Eu nunca notei...".

"Nunca notou?", perguntaram incrédulas as criaturas. "O que é que você via quando Narciso estava diante de você, a mirar-se?"

"O que é que eu via? Eu via minha beleza refletida nos olhos dele..."

Escrevi tudo isso só para dizer que a fala do Benjamin, "você é ridículo", me pôs a caminho, à procura de um espelho em que eu aparecesse bonito... Mas era uma busca parecida com a do Infante Esforçado, que não sabia que intuito tinha...

As memórias que moram no consciente vêm quando as chamamos. E, para chamá-las, é preciso que saibamos o seu nome. Já as memórias do inconsciente vêm sem serem chamadas. Elas simplesmente aparecem de repente.

E foi assim que aconteceu hoje, manhã de domingo, duas semanas depois de eu ter terminado de escrever o que escrevi atrás, e já indo adiantado no que escrevi à frente. Ia guiando o meu carro quando, sem nenhuma razão, apareceu-me a figura do padre Nando, herói de *Quarup*, livro que li há cerca de trinta e cinco anos. Eu o dava por enterrado. Mas os mortos ressuscitam. Nando, padre, movido por uma nova religião, abandona a Igreja por uma utopia política. As esperanças do Paraíso continuavam vivas, só que num outro lugar e num outro tempo. Deixando o Paraíso celestial aos pássaros, ele pôs-se a procurá-lo na Terra, num lugar de pureza e harmonia com a natureza: os índios. Depois de muitas aventuras, guerrilha e prisão, suas esperanças destruídas, ele volta a Recife e dedica-se a uma utopia mais próxima. Torna-se um mestre de *kama sutra*, um professor das técnicas do sexo. E é nesse momento (vocês me perdoarão se minha memória não for fiel, já sou velho...) que ele enuncia o resumo da sua nova autocompreensão existencial: "Todos nós nascemos para ser adorados como deuses".

É por isso que precisamos de espelhos. É a imagem no espelho que nos adora. Se um espelho nos diz: "você é ridículo", um outro espelho nos dirá: "você é lindo!". Que é que o amante deseja da amada? O seu corpo? O corpo da amada não lhe basta. Ele precisa dos seus olhos adorantes, que lhe dizem em silêncio: "Que bom que você existe!". São Francisco também tinha espelhos que lhe diziam que ele era belo. O sol, a luz, cada peixe, cada árvore, cada pássaro. Ah, que grandes espelhos são os cães! Eles sempre nos adoram como se fôssemos deuses de verdade. E, para eles, não o somos? E o escritor, eu... Essas coisas que escrevo são pedaços de mim que ofereço aos meus leitores na esperança de que eles digam: "Como você escreve bem!".

O PIANO

Eu devia ter uns doze anos. Peguei o bonde número 13 que me levaria ao centro da cidade, avenida Rio Branco, Tabuleiro da Baiana, Cinelândia. No transcurso havia algo diferente que chamou minha atenção. Um nome que eu conseguia ler, mas cujo sentido eu ignorava. Muitos outdoors que não se chamavam assim naqueles tempos. Brailowsky, Brailowsky. Devia ser importante. Sabia disso pela terminação "wsky". Era nome estrangeiro. No Brasil, os nomes tinham uma sonoridade mais modesta. Não tinham nem k nem y. Voltando à minha casa, perguntei à minha mãe se ela sabia. "É um grande pianista, Alexander Brailowsky. Ele vai dar um concerto no Teatro Municipal..."

Eu sabia muito bem o que eram pianistas. Lá no interior de Minas havia vários. Pianista era quem tocava piano. Minha mãe inclusive, que tocava valsas para meu pai dormir e outras músicas a que ela dava o nome de "clássicas", que eu achava meio chatas. Com exceção de uma peça chamada "Poeta e camponês", que mexia com o meu coração. Eu sempre lhe pedia: "Mãe, toca o 'Poeta e o Camponês'".

Tocar piano era coisa de menina. Andando pelas ruas, podia-se ouvir a monotonia dos exercícios do Czerny, dó, ré, mi, fá, sol, fá, mi, fá, sol, fá, mi, fá, sol, fá, mi, ré, dó, mi, sol, fá, ré, sol, fá, ré, dó, mi, sol, fá, ré, sol, fá, ré, dó, ré, mi, fá, sol, lá, si, dó, dó... Eu sabia o exercício de cor, de tanto ouvir, sem saber as notas. As meninas mais adiantadas tocavam "Le lac de Come" para as visitas. Parte das prendas domésticas das moças era tocar piano.

Aí chegou a Varginha, cidade onde eu morava, uma moça muito linda, vinda do Rio. Ela estudava no Bennett. Ficou na casa de sua mãe, dona Cota, que morava na esquina. Ela tocava piano. Pediu licença para usar o nosso porque não havia piano na sua casa. E ela vinha, corpo elegante, rosto sorridente e tocava por duas horas. Eu ficava lá, meio escondido, ouvindo a Rosinha tocar e observando embevecido o seu corpo de mulher. Ficava triste quando ela parava.

Fui então dominado por um interesse inexplicável pelo piano. É assim que acontece sempre na vida e na escola. Quando uma relação amorosa toma conta da gente e a gente procura se apropriar da pessoa amada "mordendo" um pedaço dela. Como não podia ser uma mordida real, o jeito era me contentar com uma mordida simbólica, o que é evidência do chamado amor platônico. Já escrevi sobre isso em *O velho que acordou menino*.

Vendo meu súbito entusiasmo, minha mãe me pôs para aprender piano com a dona Irma. Ela teve a melhor das intenções e a maior das paciências. Mas fracassou. Eu queria tocar piano sem fazer força. Como ficar sentado ao piano tocando o Czerny quando meus amigos estavam na praça jogando gude? Também, o entusiasmo já se fora. A Rosinha já havia voltado para o Rio. Eu não tinha mais o seu corpo para me entusiasmar. Acho mesmo que o que eu queria era ir trocando teclas por pedaços dela, como no filme *O piano*. Uma única experiência frustrada como pianista pôs fim ao meu entusiasmo precoce.

A dona Irma achou de me pôr para tocar no palco do Colégio Americano, onde eu estava matriculado. Quando me vi no palco, os meninos e as meninas olhando para mim, fui acometido de uma crise de pânico. Gelei. Os dedos não obedeciam. Errei tudo e eles riram de mim. Essa experiência de medo de tocar em público me acompanhou pela vida toda.

Mas voltando ao Brailowsky. Sem saber que intuito tinha, comprei um bilhete para o concerto. O teatro cheio de gente. Os lustres de cristal. As cadeiras de veludo. O piano enorme. Fiquei preocupado. Será que ele vai errar? Aí, de repente, faz-se silêncio e entra aquele homem magro, o teatro explode em palmas, ele se curva, agradecendo, assenta-se, tendo o cuidado de jogar para trás os rabos da sobrecasaca, e fica em silêncio, como se estivesse invocando a proteção dos deuses, e começa a tocar.

Aí percebi que eu nunca ouvira piano. Eu não sabia o que era um pianista. Foi o êxtase. Das peças que ele executou no concerto, lembro-me de duas que nunca mais me deixaram: o "Rondó capriccioso", de Mendelssohn, e a "Sonata nº 3", de Chopin. Da sonata, cheia de motivos românticos, o movimento que mais me marcou foi o quarto, *allegro maestoso*, de um vigor que encheu a minha alma de força. Eu nunca havia experimentado tanta beleza. O piano se tornou, de repente, o objeto do meu amor. Saí do concerto convencido de que eu queria ser pianista.

Minha vida mudou. Eram os "Concertos da Juventude", no Teatro Municipal, nas manhãs de domingo, gratuitos, e os concertos pagos, às tardes (lembro-me de que eram as tardes mais frias do inverno), a que eu ia quando tinha dinheiro. E de noite, já na cama, o rádio ligado na Rádio Ministério da Educação em programa de música erudita.

Começou então a caminhada de disciplina, horas de estudo diariamente. Minha professora, Hilara Gomes Grosso, me entusiasmou, e lá fui eu vencendo o caminho fadado. Mas não era um caminho. Era uma escalada de montanha. O esforço era muito. As recompensas eram poucas. E eu continuava dominado pelo meu pânico infantil.

Até que aconteceu o inesperado. Eu já devia ter uns dezesseis anos. Era de tarde. Estava lutando com a sonata "Patética" de Beethoven fazia uns dois meses. A campainha tocou. Fui abrir. Era uma senhora que segurava um pirralho de uns sete anos pela mão. O nome da senhora era dona Augusta. Ela e o marido, José Freire, também de Boa Esperança, eram comadre e compadre dos meus pais. O nome do pirralho era Nelson Freire. Não cumprimentou ninguém. Viu o piano e a partitura aberta, que ele nunca tinha visto. Ele se assentou no banco e tocou. Aí eu percebi a diferença.

Agora, olhando para trás, acho que tive raiva dele. Inveja. Olhei para ele com os mesmos olhos com que Salieri olhou para Mozart. Há uma ironia no título do filme *Amadeus*. Porque quem ama a Deus não é Mozart; é Salieri. Mas Deus amava Mozart.

Eu era tolo. Acreditava no ditado "querer é poder". Pura besteira. Eu queria muito. Mas era inútil. Faltava-me algo que não me fora dado. Na vida só é possível tornar-se o que já se é. Eu queria, mas não podia porque não era. Já o Nelson não precisava querer. Ele era. Os ipês não precisam querer para florescer. Eles simplesmente florescem...

Se eu tivesse lido a Bíblia com atenção, teria poupado o esforço. Pois está escrito, no Salmo 127:2: "Inútil vos será levantar de madrugada, repousar tarde, comer o pão de dores, pois assim dá ele aos seus amados o sono".

O ditado afirma: "Deus ajuda a quem cedo madruga". Eu madrugava, inutilmente. Mas Deus não conhecia o ditado.

Não me ajudava. Mas Deus amava o Nelson de um jeito que não me amara. Aprendi que o ditado verdadeiro é: "Aqueles que Deus ama não precisam madrugar".

Aí a beleza do piano começou a doer. As músicas que eu amava passaram a ser motivo de sofrimento. Resolvi, então, não ouvir mais.

Muitos anos se passaram até que eu parasse de sofrer e deixasse de ter inveja. Consolei-me ao saber que Nietzsche desejara ser compositor, chegando a enviar algumas de suas composições a Hans von Bülow, pianista famoso, que as devolveu aconselhando-o a dedicar-se à filosofia. Imagino a sua tristeza ao receber a carta de Von Bülow. Sabedor do meu amor por Nietzsche, um amigo presenteou-me com um CD de suas composições para piano. Nunca as ouvi. Nunca ouvirei. Não quero que a divina música que ele faz com as palavras seja perturbada pela música que ele faz com as notas musicais.

Só muito depois descobri que Deus me amara de outro jeito.

Eu, o Infante esforçado, vi ao longe a bela imagem refletida no espelho da música. Mas a bela imagem não era a minha imagem que dormia. Quando eu me olhava no espelho da música não via nada... Continuei sob a maldição do Benjamin...

A MULHER QUE TINHA UM OLHO VERDE E O OUTRO MARROM

"Todo mundo é louco. O senhor, eu, nós, as pessoas todas. Por isso é que carece principalmente de religião: para se desendoidecer, desdoidar. Reza é que sara a loucura. No geral. Isso é que é salvação-da-alma. Eu cá não perco ocasião de religião. Aproveito de todas. Mas quando posso, vou no Mindubim, onde um Matias é crente, metodista: a gente se acusa de pecador, lê alto a Bíblia, e ora, cantando hinos belos deles..." Assim falou com justeza o Riobaldo, que não mente nunca. Quando todos são loucos do mesmo jeito, ninguém é louco, porque todos dizem e fazem as mesmas coisas.

Eu fui doido...

Gosto demais da Adélia Prado. Lendo os poemas dela, fico com saudades das Minas Gerais da minha infância. Tenho dó de quem não é mineiro porque não vai entender. Para explicar o que é um queijo a quem nunca viu um queijo, nem todas as palavras do mundo seriam de valia. Um queijo é inefável, está além das palavras do dicionário. Pra explicar o que é um queijo é só mostrar um queijo sem falar nada. Mas e se os queijos deixarem de existir? Somente aqueles que comeram queijos enquanto eles existiam é que saberão. Quando o queijo não existe mais, não tem o que mostrar. Não tem jeito de explicar. Minas é um queijo que não existe mais, feito as montanhas de Itabira que as mineradoras roeram. Quem viu sabe. Quem não viu, não sabe. Para sempre.

A Adélia é mineira e católica de coração, beata do jeito dela. Escreve poesia pra se salvar, porque Deus é poesia. Beata herética-erótica, vai teimando, sob a proteção da Virgem e dos santos, no seu "caminho apócrifo de entender a palavra pelo seu reverso".

Já eu sou protestante apóstata e, se ocasião houver, tomo comunhão com ela a despeito da proibição do papa. Acho que ela não acredita no papa. Ele nunca foi a Minas Gerais e por isso não pode entender os nossos mistérios. Ela é a teóloga que mais cito, muito embora não tenha diploma de seminário. Os teólogos diplomados são os piores, porque pensam que poesia é rima que se recita pra enfeitar sermão. Fazem teologia como quem faz tese de mestrado. Não sabem que a palavra "é disfarce de uma coisa mais grave, surda-muda, (que) foi inventada para ser calada". Não sabem que o céu estrelado convence mais que os argumentos. Poesia é o lugar do santo dos santos.

A teologia da Adélia é pura heresia, que ela disfarça muito bem de poesia e compaixão. Se o papa entendesse o que está escondido por detrás das metáforas dela, há muito que a teria colocado sob a punição de um "silêncio obsequioso", a pior coisa que se pode fazer a um poeta ou a um profeta: proibição de escrever e de falar.

Gastei boa parte do meu tempo lendo teologia e li muitos textos de eclesiologia, que é o saber que os teólogos pretendem ter sobre a Igreja. Mas nunca me passou pela cabeça que se pudesse escrever sobre a Igreja do jeito como ela escreveu, com chifre e os cheiros de que cachorro gosta.

A Igreja é o melhor lugar. Lá o gado de Deus para pra beber água, rela um no outro os chifres e espevita seus cheiros que eu reconheço e gosto a modo de um cachorro. Igreja é a casamata de nós. Tudo lá fica seguro e doce, tudo é ombro a ombro buscando a porta estreita...

A Adélia gosta da igreja. Eu já gostei. Não gosto mais. Lá ninguém gosta do meu cheiro e eu não gosto do cheiro deles. E em vez de relar seus chifres nos meus, o que o gado faz é me cutucar com a ponta dos seus chifres. Saio sempre machucado. Lá não volto mais. Lendo a Adélia, fiquei com saudade, porque houve um tempo em que era gostoso estar na igreja.

Durante um bom tempo da minha juventude, a igreja foi minha casamata, o meu melhor lugar. Não pensava nos mistérios da Santíssima Trindade, nem nos horrores do Inferno, nem tinha medo. Eu não procurava a porta estreita. Pra dizer a verdade, eu não pensava nem na estreita nem na larga. Não pensava na salvação da minha alma. O bom mesmo era o ombro a ombro. A igreja era o lugar das amizades simples sem complicações teológicas.

Quem me levou para a igreja foi uma mulher, a dona Jenny. Ela não me falou de pecado, nem do Inferno, nem da necessidade da salvação. Que eu me lembre, ela nunca me falou de religião. Nunca tentou me converter para salvar a minha alma. Ela sabia que eu já estava salvo. Eu fui para a igreja porque a casa dela ficava no fundo da igreja, era a casa pastoral, o marido dela era o pastor. Estar na igreja era um jeito de estar perto da dona Jenny.

Tinha um olho marrom e outro verde. Falava manso, baixinho, olhando nos meus olhos. Foi a primeira pessoa que me levou a sério, que ficou no mesmo nível que eu. Conversava sobre as coisas da vida, inclusive da vida dela. E me escutava em silêncio, seus olhos marrom e verde nos meus. Na solidão, fazia poesia. Uma vez me mostrou um poema que escrevera enquanto viajava de maria-fumaça pelas montanhas de Minas em direção a Caxambu. Era sobre um vaso de cristal. Escarafunchei via sobrinha até uma filha. A filha me mandou uma cópia. Era assim:

> Ganhei um lindo vaso de cristal
> Que foi o meu tesouro de valor!
> Seu brilho era perfeito, sem igual,
> E à luz do sol variava a sua cor.
>
> Ao seu redor meus sonhos multicores
> Descansavam sem descanso doidamente
> E eu lhe dava, sorrindo, belas flores,
> E ele brilhava mais, de tão contente!
>
> Mas um dia trincou-se o meu cristal...
> Sulco escuro, em contraste com a luz;
> Num canto a sós ficou, e do rosal,
> Nunca mais uma flor eu nele pus!

Confidências entre uma mulher de mais de quarenta anos e um adolescente de dezesseis: coisa estranha. Entendi o que não estava escrito. Eu sabia quem era o vaso de cristal rachado. O seu vaso de cristal, ela o amara apaixonadamente, paixão primeira, de corpo e alma, e se entregara a ele, uma entrega proibida e maldita. Um amigo é uma pessoa que adivinha e faz silêncio. Aprendi isso do meu filósofo amado, Friedrich Nietzsche. Adivinhei e fiz silêncio. Imagino que ela sabia que eu sabia. Dona Jenny era um espelho bom. Olhando nos seus olhos verde e marrom eu me vi refletido: eu era um menino bonito. Eu era seu confidente. Ela me contava suas tristezas de amor.

(Não resisto à tentação de transcrever dois dos brinquedinhos que ela escreveu...

Planta gigante, rasteira,
Flor bonita e flor sem graça...
Palavra sábia ou besteira,
Neste mundo tudo passa!

Eu entrei na tua vida
Cheia de amor e ilusão;
Dela saí tão corrida
Que nem trouxe o coração...)

O curral onde eu ia bater chifres e espevitar cheiros era uma igreja presbiteriana, à rua da Passagem, 91. Era um gado pobre, gente humilde: funcionários públicos, aposentados, nordestinos, mineiros, baianos, todos da "prateleira de baixo", como diriam minhas tias de sangue azul. Os emigrantes, bois tresmalhados, longe do seu curral de origem, se procuram. Os cheiros criam comunhão. O gado de raça, holandês, perfumado, se reunia na igreja de Copacabana.

Em terra de cego, quem tem um olho é rei; em terra de pobre, quem tem um sapato é rico. No grupo escolar que frequentei em Minas, os meninos que eram pobres de verdade iam de pé no chão. Os que eram só meio pobres iam usando só um pé de sapato. Se fossem irmãos, um usava um sapato no pé direito e o outro usava um sapato no pé esquerdo. Os meninos que iam descalços tinham inveja dos que iam com um sapato. Um sapato já era sinal de riqueza... Eu usava sapatos nos dois pés.

Lá no meu curral eu era rico. Correu o boato de que meu pai era milionário. De fato, ele tinha uma empresa de transportes na rua Barão de S. Felix, 214. Havia descrito essa rua de tal forma que eu a imaginava larga avenida com jardins no meio. Era outra coisa. Ao pé da favela da Gamboa, ao lado da estação da Central do Brasil. A rua tinha um cheiro de sardinha frita no ar que vinha das cozinhas de restaurantes populares. Ali havia também o comércio de dentaduras que eram expostas em vitrinas à frente de lojas vagabundas. O freguês entrava, mostrava as gengivas ao dono da loja, que calculava as medidas a olho e dizia: "Aquela ali". Tirava então uma dentadura da vitrina e a apresentava ao freguês, que a experimentava. Se desse certo, ele já saía dali um homem novo, exibindo um sorriso branco que nunca tivera. Sempre tive curiosidade sobre a procedência das dentaduras. Nunca tive coragem de perguntar. Seria do Instituto Médico Legal?

Evidência da riqueza da nossa família era a casa em que morávamos, aquela de parede e meia com a funerária. A sala era a maior de todas as salas do pessoal da igreja. Começou a ser usada como salão de festas. Nela se ensaiavam as quadrilhas que seriam dançadas nas festas juninas. Minha mãe tocava o piano. O líder fazia a marcação.

Era lá também que aconteciam as aulas de educação sexual ministradas pelo doutor Victor Stawiasky. O nome era "educação sexual", coisa séria e científica. Mas o bom era que ele falava tanta coisa com tantos detalhes que as cuecas ficavam molhadas. Não sei o que acontecia com as mulheres. Ele não era da igreja. Era cientista. Trabalhava num museu. Essa condição lhe dava permissão para usar palavras proibidas. Palavras que na linguagem comum eram obscenas, na boca dele eram ciência. Ele não se detinha em detalhes de anatomia e fisiologia. Mestre de *kama sutra*, era isso que ele era... Suas aulas se demoravam nos detalhes do jogo amoroso que descrevia. Ah! Como era excitante ouvi-lo falar do homem beijando os seios da amada... E ele falava de "pênis" e "vagina" com a mesma naturalidade com que falaria sobre pão e manteiga. A gente ficava vermelha de prazer e de vergonha. As palavras também são zonas erógenas do corpo. Como a exigência cristã de pureza determinava que sexo era só depois do casamento, as palavras do doutor cientista serviam para fazer amor no pensamento. Terminada a aula, cada um de volta à sua casa, na cama, a imaginação continuava a aula e fogos de artifício espocavam e vinha o sono agradecido de que Deus houvesse inventado pecados tão deliciosos...

Era bom cantar no coro. Vinicius de Moraes, quando jovem e carola, também cantou num coro. Cantava por terror metafísico. Eu cantava no coro por outras razões. Tinha o ombro a ombro, a beleza das músicas. E a regente, tão bonita, voz de veludo... Parte do prazer dos ensaios era olhar pra ela. Fracassado como pianista, o que eu sabia era suficiente para tocar o órgão, quando fosse necessário. A organista de verdade era a virgem dos lábios de mel e carne de fogo, dez anos mais velha que eu. Eu me assentava junto dela no banco do harmônio. Ela, com um sorriso sem-vergonha, lia o nome da fábrica do harmônio, italiano, caprichando no segundo nome: Delmarco & Boschetta. Eu era bobo, tímido, ria mas não tomava nenhuma providência por vergonha, sem me valer da invisibilidade que nos conferia o órgão. Os membros do coro, olhando para nós, só viam nossas cabeças. As mãos ficavam escondidas. Quantas variações eu poderia ter tocado e não toquei! Peca-se por fazer e peca-se também por não fazer. Zorba dizia que há apenas um pecado imperdoável: o de deixar uma mulher desejando. E eu deixei a virgem dos lábios de mel desejando. Teria sido tão fácil satisfazer o seu desejo! Até hoje me penitencio. Pequei muito por não ter pecado, e ainda hoje peço perdão a Deus pelos pecados que não cometi.

A alegria maior era o Natal. Gente pobre não fazia ceias. A festa acontecia na igreja. Natal era teatro, dois meses de ensaios, todas as noites. Meu papel tradicional era o de rei mago, com coroa de papel-alumínio e vestes coloridas. O bom não era a festa final. Eram os ensaios. Dona Jenny estava sempre lá.

Natal era música. As mesmas de sempre. O Natal não suporta novidades. As músicas nos levavam para um lugar mágico do passado, uma noite com um céu coberto de estrelas. É uma cena mansa que, acho, mora na alma de todo mundo. As músicas acordam a cena do seu esquecimento. Vem então a nostalgia. Natal é nostalgia. A Adélia sofreu essa saudade: "Eh saudade! De que, meu Deus? Não sei mais...".

Os protestantes sabem mais hinos de Natal que os católicos. Cantando, sabíamos que pessoas no mundo inteiro estavam cantando as mesmas canções: "Sem lar e sem berço, deitado em capim...", "Noite jubilosa, noite portentosa...", "Noite de paz, noite de amor...", "Nossas almas, jubilosas nesta data sem igual...", "Surgem anjos proclamando...", "Ó vinde fiéis, triunfantes, alegres...", "Quem é esse estranho infante...". E, para finalizar, o triunfante "Meia-noite, cristãos...", que deveria ser tocado com órgão de tubos, trombones e tubas e cantado por coro de duzentas vozes. Com harmônio de pedaleira e coro de trinta vozes, a gente fazia o que podia. Os olhos até ameaçavam chorar, de alegria. Ah! Acho que eu voltaria para uma igreja onde não se falasse nada, onde só houvesse música! Gostaria de frequentar uma igreja de negros nos Estados Unidos. Não preciso acreditar. Me basta ouvir. Como cantam os negros! Aretha Franklin, Roberta Flack, Dionne Warwick, todas elas saíram de igrejas negras. Lá, sim, o gado de Deus bate os chifres e espevita cheiros...

No Natal tudo era simplicidade e harmonia, o necessário para se sentir o encantamento do mundo, os vaga-lumes iluminando os campos com a glória de Deus, a flauta dos pastores, as ovelhas balindo, as vacas ruminando e uma criancinha deitada na palha.

Naquela noite, José e Maria comeram um pedaço de pão velho, algumas frutas secas e um pouco de leite tirado da vaca que lhes fazia companhia no estábulo. Uma pobreza feliz, apropriada para o Natal... Eu me sentia feliz.

Assim, não fui para a igreja por angústias existenciais. Não sabia o que era teologia e não me interessava. Eu não tinha qualquer pendor religioso. Fui para a igreja porque era gostoso. O que eu queria era o ombro a ombro, os passeios pelas matas da Tijuca, as viagens de barca até a ilha de Paquetá, as festas de São João e as brincadeiras de salão nas noites de sábado. Tudo era desculpa para se estar juntos. Para mim, coisa melhor não havia. Tantos espelhos a me olhar sorridentes...

Dona Jenny era a mulher do pastor. Os sermões do marido dela eram chatíssimos. Evidência de que ele não acreditava muito... Ninguém prestava atenção. Até sermão chato é desculpa para o ombro a ombro. Eu desligava o pensamento e ficava olhando para a filha dela que fazia o meu coração bater pela primeira vez. E o coração dela também batia.

Apaixonei-me pela filha da dona Jenny. Foi um namoro infeliz. Tinha muita culpa na cabeça dela e muita timidez nas minhas mãos. Não me atrevi a fazer o que deveria ter feito. Bastava ver o decote da blusa, a sugestão dos seios, a imaginação completava e o corpo respondia. Não podia nem pegar na mão. Ela dizia que é na mão que os pecados começam. Eu gostava muito dela. Dona Jenny fazia gosto. Se dependesse da dona Jenny, nós namoraríamos de mãos dadas e ela abençoaria atrevimentos maiores... Na cabeça da dona Jenny não havia culpa. Estava cheia de poesia.

Aí o marido da dona Jenny, o pastor, fez um pecado feio e não foi reeleito pela comunidade e foi transferido para uma outra igreja, num subúrbio. Fiquei sem os olhos marrom e verde da dona Jenny...

O DEUS QUE GOSTA DE VER AS PESSOAS SOFREREM

Veio então para o lugar do marido de dona Jenny um outro pastor que tinha voz de trovão, olhos de relâmpago e coração cheio de infernos. Era um homem de convicções. Homens de convicção não escutam, só falam. São movidos a certezas e exigem que os outros concordem. Assim aconteceu a Inquisição, sob a liderança de homens de convicções.

Ele se acreditava o chicote da ira divina e os seus grandes prazeres eram descobrir pecados e punir pecadores. Dizia que o "avivamento" chegaria logo.

No seu zelo para eliminar os pecados da igreja, estabeleceu uma "mesa dos pecados". Sobre ela os crentes deveriam ir colocando símbolos dos pecados que haviam abandonado: cremes de beleza, caixas de pó-de-arroz, rouge, perfumes, joias, maços de cigarro, bolachinhas de cerveja, alguma fração de bilhete de loteria... tudo isso era pecado. Era também grave pecado de vaidade as mulheres depilarem as pernas e outros lugares mais ocultos. Os pelos cresciam debaixo das meias e ficavam se mostrando em tufinhos. Era feio. Deus era um mau esteta. Mas qualquer sacrifício se justificava para ganhar os céus. Era o caminho estreito. Camisinhas eu nunca vi expostas na mesa.

O avivamento seria aquele momento de êxtase carismático quando o Espírito Santo, descido dos céus, se apossaria dos fiéis e então haveria uma mistura de choro e confissões e confusões de pecados. Mas o pastor também tinha a sua vaidade: queria ser bonito, bonito e atlético como o Billy Graham.

O avivamento estava sempre profetizado para o domingo seguinte. E se não acontecia era porque havia um Acã entre os membros da igreja. Aí ele se punha a procurar o Acã que, quando achado, deveria ser apedrejado como mandam as Escrituras. E se entregava à pergunta: Quem seria o Acã?

A estória de Acã se encontra relatada no livro de Josué, capítulo 7. O povo de Israel havia atravessado o rio Jordão e avançava com seus guerreiros tomando terras. Aconteceu que, numa batalha contra um inimigo insignificante, os guerreiros de Israel foram vergonhosamente derrotados. Josué, o líder, queixou-se diante de Deus. Como é que Iaweh os abandonara? Iaweh explicou que ele abandonara os guerreiros de Israel porque um deles, um único homem – quando um peca todos são castigados –, havia feito uma coisa proibida: ele se apossara de uma capa colorida, duzentas moedas de prata e uma barra de ouro. Deus ordenou que o homem fosse descoberto e castigado. Era Acã. Assim o texto inspirado conclui o relato: "Então, Josué e todo o Israel com ele tomaram a Acã, filho de Zerá, e a prata, e a capa, e a cunha de ouro, e a seus filhos, e a suas filhas, e a seus bois, e a seus jumentos, e as suas ovelhas, e a sua tenda, e a tudo quanto tinha e levaram-nos ao vale de Acor. [...] E todo o Israel o apedrejou com pedras, e os queimaram a fogo e os apedrejaram com pedras. E levantaram sobre ele um grande montão de pedras, até ao dia de hoje; assim o Senhor se tornou do ardor da sua ira." (Josué 7:24). Palavra do Senhor. Graças a Deus.

Tinha de haver um Acã para explicar o fato de que o avivamento não chegava. Alguém comprara um bilhete de loteria? Alguém teria ido ao cinema no domingo? Alguém teria se masturbado? Alguém fumou ou bebeu cerveja? Qualquer desses mínimos pecados poderia acender a ira do Senhor. Deus se enfurece com facilidade.

(Muitos anos passados, encontrei-me com esse pastor já envelhecido. Havia abandonado o avivamento e tinha trocado o caminho estreito por um distintivo do Rotary na lapela...)

Domingo era o dia infernal, quando estavam proibidas todas as alegrias humanas. Era o "dia do Senhor". Lembro-me de um poema que li numa antologia de poetas jovens. O autor não confessava, mas era evidente que se tratava de um ex-protestante que tinha o domingo marcado na carne: "Domingo Deus descansa e a gente sofre mais...". É claro que o poeta não conhecia teologia. O sofrimento não é porque Deus descansa. É porque Deus jamais descansa. Ele vigia sempre. O certo seria: "Domingo Deus vigia e a gente sofre mais...".

O Deus católico é diferente do Deus protestante. O Deus protestante, onipresente e onisciente, seu olho sem pálpebras está sempre aberto e ele cuida diretamente de tudo no universo. Sem burocracias intermediárias. Já o Deus católico está entregue à contemplação das perfeições celestiais, embalado pelo coro de anjos que cantam canto gregoriano sem parar. Por isso, para poder dedicar-se ao sublime, delegou a administração dos detalhes do dia a dia do universo a uma enorme burocracia espiritual formada de anjos dos mais variados tipos e cores, e de santos, cada um com sua especialidade própria, sendo que alguns até aceitam propinas para realizar milagres. Ao dar entrada de um pedido na burocracia celestial, é de fundamental importância que o suplicante saiba a que santo se dirigir para que sua queixa não entre por descaminhos burocráticos. Eu, se fosse católico, por via das dúvidas, dirigir-me-ia diretamente a santo Expedito, o santo do “hoje” que jamais adia o atendimento de um pedido. O seu lema, escrito em latim, é “Hoc Die”: hoje. E o seu inimigo é um corvo que ele esmaga com seu pé direito e que se chama “Crás”, amanhã.

VIVER É MUITO PERIGOSO

Há um texto medieval que descreve os caminhos da burocracia celestial. Tudo começa com o pecador que precisa de um milagre. Ele se dirige à Virgem Santíssima, de coração imenso e que compreende os desejos dos seus filhos. Bondosa como é, ela acolhe o pedido do suplicante. Aí a Virgem se dirige a seu filho, Jesus Cristo. Mas ela sabe que ele tem coração de homem, mais duro que o seu. Será inútil que o pedido do pecador lhe seja apresentado diretamente. Ela então se vale de um artifício: abre sua túnica e mostra-lhe o seio. "Você, meu filho, mamou nesses seios. Você tem uma dívida para comigo..." Aí, Jesus, movido pelo seio materno e não pelo desejo do pecador, dirige-se ao Pai. Ele sabe que o Pai é justiça pura. Ignora desejos e seios. Que poderá ele apresentar a tão implacável juiz? Ele lhe mostra então seu flanco, e suas mãos e pés perfurados pelos cravos. "Assim estou perfurado por exigência tua. Tu cobraste uma dívida. Eu a paguei com o meu sangue." Aí o Pai, sem atentar para o desejo do suplicante ou para o seio de Maria, atende ao argumento do corpo perfurado do seu filho.

Quem quer que se preocupe com pecados há de se valer da "casuística". O dicionário Houaiss assim define casuística: "Exame minucioso de casos particulares e cotidianos em que se apresentam dilemas morais surgidos da contraposição entre regras e leis universais prescritas por doutrinas filosóficas ou religiosas e as inúmeras circunstâncias concretas que cercam a aplicação prática desses princípios".

As casuísticas cristã e judaica se assentam sobre a mesma base: há um livro sagrado nos céus escrito desde toda a eternidade. Porque Deus, sendo onisciente, sabendo todas as coisas desde sempre, já o tinha pronto antes da criação do mundo. O processo de escrevê-lo na terra foi apenas uma transcrição, no tempo, daquilo que já estava escrito nos céus. Nesse livro está escrita a vontade de Deus.

Entretanto, os mandamentos, expressão da vontade de Deus, estão escritos de uma forma muito geral, não entrando nas minúcias de sua aplicação. A casuística pretende desvendar, por meio da lógica, o labirinto de cada mandamento, a fim de determinar se um certo ato transgride ou não um mandamento.

Os intérpretes hebreus da lei, no seu esforço para garantir que ninguém pecasse por desconhecimento, trataram de trocar os mandamentos em miúdos, nos seus mínimos detalhes. Veja-se o caso do quarto mandamento do decálogo, que determina que o sétimo dia deve ser santificado. Assim está escrito no livro sagrado: "Lembra-te do dia do sábado, para o santificar. Seis dias trabalharás e farás toda a tua obra, mas o sétimo dia é o sábado do Senhor, teu Deus; não farás nenhuma obra, nem tu, nem o teu filho, nem a tua filha, nem o teu servo, nem a tua serva, nem o teu animal, nem o teu estrangeiro que está dentro das tuas portas..." (Êxodo 20:8-10).

Mas a inteligência lógica do casuísta levanta problemas: o que é "obra alguma"? Será possível que uma pessoa, inocentemente, faça sem saber alguma "obra", dessa forma quebrando o mandamento e incorrendo em pecado? Surge um caso concreto: um agricultor, num sábado, leva sua enxada de um lugar para outro. Ele não está trabalhando com a sua enxada. Está apenas mudando sua localização no espaço. O casuísmo responde: se um outro, que não o dono da enxada, a transportasse de um lugar para outro, estaria trabalhando, não como agricultor, mas como transportador. Estaria quebrando o sábado. Logo, quando esse transporte é realizado pelo próprio dono, há um trabalho que está sendo realizado.

A situação fica clara quando a ferramenta é grande. Mas, e no caso de ferramentas minúsculas, como as agulhas que os alfaiates espetam na sua roupa? Eu, que sou escritor, estarei transgredindo o quarto mandamento ao carregar no meu bolso, num dia de sábado, uma caneta esferográfica, meu instrumento de trabalho? Ferramenta é ferramenta, grande ou pequena, em uso ou fora de uso. Assim, os intérpretes da lei advertem os alfaiates que, antes do pôr do sol da sexta-feira, quando o sábado se inicia, é preciso examinar meticulosamente suas roupas para ver se alguma agulha não ficou ali esquecida. Um alfaiate que caminha no sábado tendo uma agulha espetada em sua roupa está transgredindo a vontade divina, o mesmo valendo para os escritores que carregam nos bolsos suas canetas.

Foi um amigo que me contou. Não sei se acredito. Vocês que decidam. Ele estava em Israel fazendo turismo. Aí, ao entrar no elevador, notou que alguém, talvez uma criança, havia apertado os botões de todos os andares. Então ele subiu parando em todos os andares intermediários, porque não era possível desapertar os botões. Horas mais tarde, querendo descer, foi até o elevador e viu que a brincadeira se repetira. Todos os botões estavam apertados. Comentou o fato com um amigo que mora lá. O amigo explicou: "Hoje é o *shabat*". Não se pode fazer trabalho algum. Apertar um botão de elevador é um trabalho. Assim, para evitar que os fiéis sejam obrigados a pecar, apertando os botões dos seus andares, no *shabat* todos os elevadores são programados para ficar subindo e descendo sem parar, parando em todos os andares. Assim pode-se subir ou descer sem pecar com a ponta do dedo.

O patriarca Abraão é o grande exemplo, o primeiro a ser escolhido por Deus. Mas o texto sagrado relata que ele transou com a sua escrava Hagar, engravidando-a. Parece que Deus não computou esse ato como pecado. Surge então um perigoso precedente: se Deus foi assim com Abraão, deverá ser assim com todos... Transar com a concubina não é pecado. Santo Agostinho se vale do casuísmo para inocentar o patriarca: Abraão não pecou porque as relações sexuais com a escrava foram não por prazer, mas por dever. Transar por dever, sem prazer, não é pecado. Aí, pergunto eu: mas quem é esse que transa por dever sem prazer?

Um frei do Nordeste, famoso pela sua piedade e ardor evangelístico, valendo-se da casuística determinou com precisão o momento em que o beijo deixa de ser um ósculo santo e se transforma num ato libidinoso pecaminoso: quando as línguas começam a brincar uma com a outra...

Faz uns anos, a Rede Globo anunciou no *Jornal Nacional*, através da voz solene do Cid Moreira, que os teólogos moralistas do Vaticano haviam encontrado um método de inseminação artificial aceitável a Deus. Inseminação com o sêmen do marido, é claro. Até aquele momento, até mesmo a inseminação com o sêmen do marido era proibida. E isso porque só há duas formas de se obter o sêmen. Primeira, pela masturbação, que é pecado. Segunda, pelo uso da camisinha, que é pecado por ser contra a ordem da natureza. Mas aí o brilho intelectual e lógico dos teólogos encontrou um caminho. Caso se fizesse um buraquinho na ponta da camisinha, a natureza não estaria sendo contrariada, posto que haveria sempre a possibilidade de um espermatozoide mais esperto esgueirar-se através do pequeno furo em direção ao óvulo. Assim, poder-se-ia fazer inseminação artificial, desde que se usasse uma camisinha furada para colher o esperma. Certamente a burocracia celestial terá um departamento em que anjos especializados se encarregarão de separar as camisinhas com furo das camisinhas sem furo...

Um dia, num momento de descontração, o pastor que tinha voz de trovão, olhos de relâmpago e coração cheio de infernos conversava comigo. Ele me contou um pequeno incidente doméstico. Após os cultos de domingo em que, ao final, fazia apelos para que as almas ímpias se entregassem a Cristo, ele permanecia sozinho na igreja, em oração, perguntando a Deus as razões por que tão poucas almas haviam se convertido. "Voltei para casa muito tarde", ele disse. "Aprontei-me, vesti o pijama, deitei-me, peguei uma revista *O Cruzeiro* e comecei a ler. Minha esposa deu um grito de susto! Como? Meu benzinho! Lendo uma revista profana no domingo? É pecado!..." Aí, ele concluiu: "Dei uma risada e mostrei o relógio para ela. Era meia-noite e um...". O tempo que separa o Céu do Inferno se mede em segundos...

Não pensei naquele momento. Na verdade eu não pensava. A palavra do líder – ou, como diziam os alemães, do *Führer* – está acima de questionamentos. Achei até divertida a peça que o pastor pregara na sua mulher. Mas eu poderia ter feito algumas perguntas, se não para o pastor, pelo menos para mim mesmo. Se uma pessoa que mora num meridiano de horário mais atrasado, se naquele momento preciso ler a mesma revista, estará cometendo pecado? Deus regula o seu tempo pelos meridianos terrestres de modo que, à medida que a Terra gira, atos inocentes se transformam em pecado e vice-versa? Ou será que Deus elegeu um meridiano especial como seu marco de referência?

Agora um exemplo moderno do casuísmo protestante a que as crianças devem prestar rigorosa atenção. "Domingo. Oito e meia, e a mamãe já estava preparando o Pedrinho para ir para a Escola Dominical. Depois de pronto, a mamãe recomendou-lhe que fosse direitinho e pontual. Ao pôr o bonezinho, o Diabo lhe disse: 'Leve as bolinhas para jogar'. Ele respondeu: 'Não jogo bolinhas no domingo'. Tornou o Diabo: 'Não é para jogar, é só para apalpar de vez em quando'. Mas na rua achou um colega e não resistiu à tentação de jogar e jogou 'a ganho'. Uma das bolinhas rolou até a sarjeta, ele foi apanhá-la, sujou a mão e meteu-a suja no bolso. Chegou tarde à igreja e não quis entrar; quando as crianças saíam, pediu uma folha da lição e foi para casa. Mas ia devagar, triste e de mau humor. Chegando em casa, mamãe perguntou-lhe: 'Deste boa lição?'. 'Sim, senhora. Mas de volta caí na calçada e sujei a mão na sarjeta.' 'Qual foi o texto áureo?' 'Não me lembro agora, mas Deus sabe que fui à escola.' E com a mão no bolso contava as bolinhas ganhas no jogo. Pedrinho adorou as bolinhas em vez de Deus, quebrou o 1o e o 2o mandamentos. Disse o nome de Deus em vão, quebrou o 3o mandamento. Não respeitou o domingo, quebrou o 4o mandamento. Não honrou a mamãe, desobedecendo-lhe, quebrou o 5o mandamento. Furtou, porque jogar é furtar, mentiu, cobiçou as bolinhas dos outros, quebrou o 8º, o 9º e o 10º mandamentos" (*O Brasil Presbiteriano*, 10 de julho de 1951).

Para dizer o que sinto, sou obrigado a apelar para o estilo do Riobaldo: "Viver é muito perigoso. Deus é traiçoeiro que dá gosto. É no pomar das jabuticabeiras carregadas de jabuticabas onde as crianças brincam que ele põe as suas armadilhas".

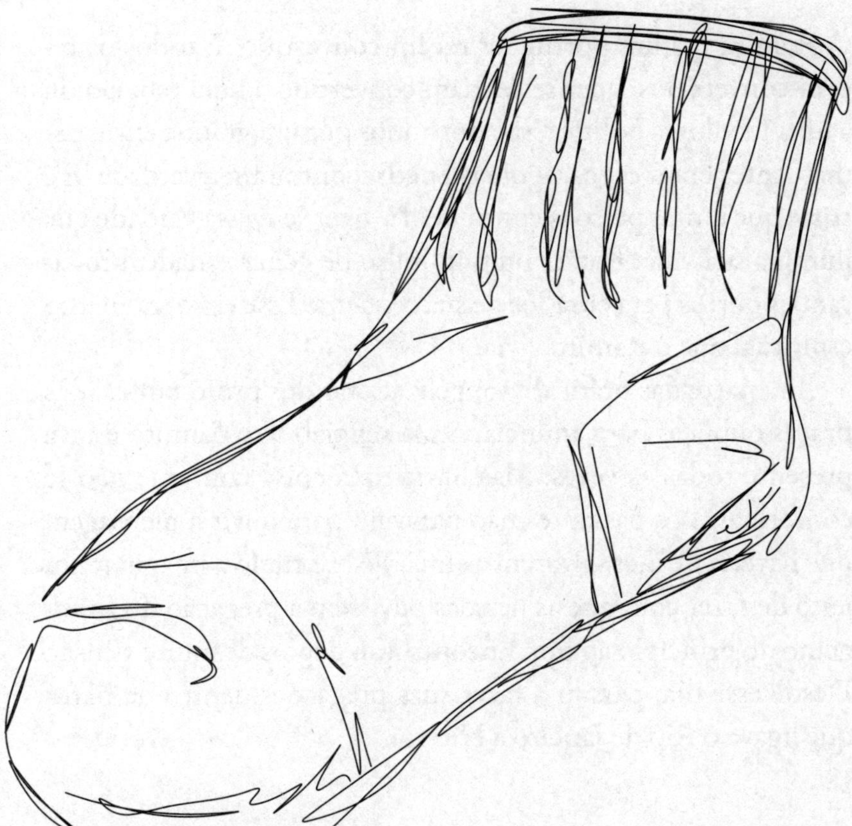

HÁ DE SE OUVIR O EVANGELHO À FORÇA

O Ramiro era um português recém-convertido. E todos os recém-convertidos, quer se tenham convertido a uma religião ou a uma ideologia política, são possuídos por um grande entusiasmo. Antes eram cegos, agora veem. Encontraram a verdade. E é triste que tantas pessoas continuem a viver sem essa verdade que ilumina sua vida. Então, num impulso de generosidade, procuram os outros para curá-los de sua cegueira. Esse era o momento espiritual que o Ramiro vivia.

Era parte das práticas evangelizadoras dos protestantes ir às praças públicas para anunciar a sua religião. E o Ramiro estava presente todas as vezes. Mas havia uma coisa com que não se conformava: os passantes não paravam para ouvir a mensagem que haveria de lhes salvarem a alma. Pôs-se então a imaginar um jeito de fazer com que as pessoas ouvissem a pregação do Evangelho do princípio ao fim. Encontrou-o depois de muito pensar. Desde esse dia, passou a fazer suas pregações dentro da barca que ligava o Rio de Janeiro a Niterói.

O MEDO

José Castello, no livro que escreveu sobre o Vinicius, referiu-se "à religião daqueles padres cinzentos, jesuítas, que só se impõem pela intimidação". Intimidar é provocar medo. Esta tem sido a técnica favorita da Igreja para ganhar conversos: ou a intimidação do Inferno ou a intimidação da fogueira.

Nos meses que passou na prisão aguardando ser enforcado, Dietrich Bonhoeffer, um protestante que participou de um atentado frustrado para assassinar Hitler, pensou sobre o assunto. Ele observou que o cristianismo não tem mensagem para as pessoas saudáveis, fortes e felizes. Gente forte e feliz não se converte. É preciso primeiro destruir sua força e felicidade por meio da intimidação. É somente então que as igrejas têm o que dizer.

O poeta inglês William Blake detestava padres e pastores e lhes dedicou esse aforismo: "A lagarta escolhe as folhas mais bonitas para nelas botar os seus ovos; como o sacerdote que bota a sua maldição nas alegrias mais bonitas".

A imagem é grosseira, mas não é minha, é do apóstolo Paulo: as coisas que somos e que julgamos boas não passam de excrementos.

Na Igreja Presbiteriana, os adultos que se candidatam ao batismo devem responder de forma afirmativa à seguinte pergunta que o pastor lhes faz diante da congregação: "Confessais que sois nascidos em pecado e incapazes de fazer o bem?". O candidato responde: "Sim, confesso". Cá entre nós, eu não acredito que eles acreditem no que confessam...

Pesquisas empíricas já demonstraram que igrejas liberais, sem casuísmos e ameaças, não crescem. Crescem aquelas que pregam o medo do Inferno. Hobbes observou que há um único poder que comanda o comportamento das pessoas: o medo. É o medo, e não o amor, que torna a sociedade possível. As igrejas que mais crescem não são aquelas que pregam o amor, são aquelas que ameaçam com o medo. Os evangelistas que se tornaram famosos pelo seu poder de converter eram aqueles que pregavam horrores. Finney foi um famoso pregador avivalista dos Estados Unidos que arrastava multidões. Relata-se que as descrições que fazia do Inferno eram tão vívidas que os ouvintes se agarravam aos bancos da igreja para não cair dentro dele.

Hoje as coisas mudaram. Parece que as pessoas não se preocupam muito com a vida futura, Céu e Inferno. Essa vida futura é coisa tão incerta... As igrejas "evangélicas" descobriram que não é mais o medo que impulsiona as conversões: é a esperança do milagre. E milagre não é coisa do outro mundo. No outro mundo não há milagres. Milagres são coisas deste mundo. Dostoiévski já observara que não é Deus que os homens procuram, são os milagres que ele pode fazer. Um Deus que não faz milagres está condenado à solidão.

Todo o edifício do pensamento cristão é construído sobre a ideia do Inferno. Retire-se a ideia do Inferno do cristianismo, e o cristianismo acaba. Sem o Inferno, todas as doutrinas e dogmas perdem o seu sentido: a encarnação, a morte de Cristo na cruz, a Igreja, os sacramentos. Sem o perigo do Inferno, por que haveria alguém de se converter? Converter-se ao cristianismo é colocar o Inferno no centro da alma e no centro do universo.

O HORROR E A BELEZA

Uma conhecida comentava um filme. Dizia: "As cenas eram horrendas, repulsivas, nojentas. Mas a fotografia era maravilhosa". O horrendo tem a sua beleza.

A tela *Três de maio de 1808*, de Goya, que pinta o fuzilamento de patriotas espanhóis pelas tropas de Napoleão, é de um horror sem fim. É um retrato da desumanidade. Mas ela é também de uma beleza sem fim.

Esse universo de horrores infernais produziu extraordinárias obras de arte: o canto gregoriano, o repicar dos sinos, as catedrais góticas, os vitrais, as telas de Grünewald, os corais de Bach, as missas de Mozart, o réquiem de Faurè. Todas essas obras me causam um êxtase estético. Elas me seduzem e, por isso, até o fim dos meus dias continuarei ligado ao mundo estético cristão. O insuportável são as interpretações teológicas. Tenho uma amiga em Portugal que nasceu, cresceu e viveu na Igreja Católica. Desencantou-se. Mas a estética a mantém ligada ao mundo católico. Conversando com ela sobre as cantatas de Bach, que ambos amamos, ela me disse: "A música é divina. Mas a letra é horrível". Eu teria prazer em frequentar uma igreja onde só se ouvisse a música e se calasse a letra...

Imagino que foi esse sentimento que levou Hermann Hesse a imaginar a comunidade mística Castália, no seu livro *O jogo das contas de vidro*: era uma comunidade que se dedicava à produção e ao gozo da beleza.

Tenho à minha frente uma reprodução da monumental obra de Michelangelo, *O juízo final*. O tempo do universo chegou ao fim. As lutas terminaram. Chegou o momento da paz. Deus triunfou sobre o Inferno.

Mas essa paz não é suficiente. É preciso que o Inferno continue a existir para que o triunfo nunca seja esquecido. Assim, Deus eterniza o Inferno. O sofrimento dos condenados é para sempre. Por esse meio, o Inferno fica fazendo parte do triunfo, eternamente. Ele é então elevado à categoria de obra de arte e se torna objeto de contemplação estética e razão da felicidade de Deus e dos salvos. Santo Tomás de Aquino assim o colocou: "*Beati in regno coelesti videbunt poenas damnatorum, ut beatitudo illis magis complaceat*", os bem-aventurados no reino dos céus verão as punições dos condenados para que a sua felicidade lhes seja mais deleitosa (*Summa Theologiae*, III, Supplementum, Q. 94, art. 1).

O HERÓI

No centro do universo está Cristo, o grande herói. É um jovem de corpo escultural. E, sobretudo, seu rosto é belo. Todos os heróis são belos.

A saga do herói segue sempre o mesmo script. Há de haver um inimigo, encarnação do mal, que ameaça o mundo com seus exércitos. Sendo muito forte não há ninguém que se disponha a enfrentá-lo. É então que se apresenta um jovem belo e puro. Tão frágil... Como Davi diante de Golias. A despeito disso, ele vai sozinho ao encontro do inimigo. Aí acontece a batalha. E ele vence.

Mas, por vezes, a vitória tem o gosto amargo da tragédia. Para conquistar a vitória, ele deve morrer. *Pietà*, Jesus está morto no seu colo. Aí, na sua morte, sua beleza ganha uma dimensão trágica. À tristeza do seu corpo morto junta-se a dor da culpa daqueles que por ele foram salvos.

Uma das mais belas representações dessa tragédia de beleza horrenda é a obra de Niccolò dell'Arca denominada *Lamento sobre o corpo de Cristo*, que se encontra na Igreja Santa Maria della Vita, em Bologna. A cena é composta de esculturas de madeira. No chão, o corpo do Cristo morto. À sua volta, as mulheres choram. O rosto delas é a maior expressão de dor que vi nas artes plásticas.

Che Guevara foi um herói. Morreu por uma causa que deu sentido à sua vida. Antes de sua conversão à luta revolucionária, era um médico asmático que viajava de motocicleta. Mas aí ele foi tomado pela compaixão.

Ao final da exibição do filme *Diário de uma motocicleta*, aconteceu algo que eu nunca tinha presenciado. Quase sempre, o filme nem bem terminou, as pessoas já se levantam prontas a sair. Quando esse filme acabou, ninguém se mexeu. Todos ficaram assentados, paralisados, extáticos diante da tela apagada. A razão para esse comportamento incomum estava no fato de que todos sabiam qual tinha sido o fim real: Guevara fora assassinado. O seu corpo morto não apareceu na tela, mas todos o viam na sua ausência.

E então, de repente, essa imobilidade do público se transformou numa explosão de palmas. O filme era a vida de um herói que veio a morrer por haver entregue sua vida à luta pelos pobres. Foi precisamente a sua morte que o tornou herói. As palmas eram as lágrimas das mãos... E não é como herói que Ayrton Senna continua a existir na memória poética do povo brasileiro?

Relembro o parágrafo de Milan Kundera: "O homem inconscientemente compõe a sua vida segundo as leis da beleza mesmo nos instantes do mais profundo desespero". No herói se combinam a tragédia e a beleza.

O fascínio que move o herói não é moral; é estético. O jovem deseja ser belo. Mais do que isso: ele deseja ser "visto" belo. De alguma forma, ele está preparando o seu funeral. Sua vida há de ser uma obra de arte e, por sua morte, todos haverão de chorar. Para alcançar essa beleza, ele é capaz de fazer os maiores sacrifícios, à semelhança do Infante Esforçado do poema de Pessoa.

A título de curiosidade, eu gostaria de comentar um final diferente para o Juízo Final. Encontra-se na *Segunda sinfonia* de Mahler, também chamada *Sinfonia da ressurreição*.

Gustav Mahler era de uma modesta família judia. Em 1897, tornou-se católico, ao que parece para fugir da perseguição que sofria como judeu. Não contente com a pura execução da música, ele a explicou por meio de um texto:

> Uma voz se faz ouvir. Chegou o fim de todas as coisas vivas. O dia do julgamento chegou, e o terror desse dia dos dias está sobre nós. A Terra treme, as sepulturas se abrem, os mortos ressuscitam e caminham numa procissão sem fim. Poderosos e fracos desta Terra, reis e mendigos, justos e injustos — todos eles caminham. Um grito terrível, pedindo perdão e misericórdia, fere os ouvidos. O grito vai ficando cada vez mais forte. Nossos sentidos nos abandonam e perdemos consciência à medida que se aproxima o julgamento eterno. Soa o grande chamado. Ouvem-se então as trombetas apocalípticas.

Até aqui tudo combina com a cena pintada por Michelangelo. Mas, nesse momento, suas origens judaicas e a música que nele morava falaram mais forte e ele subverteu o final. É o fim do mundo, sim. Mas é diferente.

> No meio de um silêncio sinistro ouve-se o canto distante de um rouxinol como uma última reverberação da vida aqui de baixo. O coro celestial de santos canta suavemente "Ressuscitareis!". A glória de Deus é revelada. Uma luz maravilhosa

envolve os corações. Tudo é tranquilidade e felicidade. E eis! Não há julgamento! Não há nem pecadores nem justos, nem poderosos nem humildes, nenhuma vingança ou recompensa. Um poderoso sentimento de amor permeia tudo e tudo se enche com a Sua presença...

OS BEATOS VINICIUS E CHICO

Voltemos ao livro de José Castello, *O poeta da paixão*, biografia de Vinicius. Ali, ele dedica algumas páginas ao Vinicius adolescente, religioso e metafísico.

> Chegou o momento da descoberta espiritual... que pode ser vista tanto como uma crise metafísica quanto como a queda primeira no abismo sem fundo da introversão. Quando entra para o colégio Santo Inácio, de padres jesuítas, aos onze anos de idade, a inocência e a leveza começam a dividir espaço com a angústia e o conflito interior. A igreja de jesuítas, na rua São Clemente, com suas colunas de mármore erguidas como calcanhares divinos fincados entre pecadores, lhe parece muito maior do que realmente é. O menino pisa devagar na penumbra, mal pode erguer os olhos para o altar. A religião, para aqueles padres cinzentos, [...] só se impõe pela intimidação. [...] Nas aulas de teatro encena quadros de martírio dos santos e peças religiosas em que a culpa e o castigo tomam forma de arte. Passa a cantar no coral. Suas músicas preferidas são a "Ave Maria", "Panis Angelicus" e "Queremos Deus"...

Viajando com um conhecido novo, comentei esse detalhe da vida do Vinicius. E ele me disse que o Chico havia passado por uma experiência religiosa parecida. Contou-me que o Chico, na adolescência, teve um período de febre religiosa. (Por que será que os adolescentes são assim sensíveis à "enfermidade religiosa"?) Foi coisa séria. Disse-me mais, que isso estava relatado no livro *Chico Buarque*, na coleção Perfis do Rio, da editora Relume-Dumará. Fui à Internet para comprar o tal livro. Inutilmente. Estava esgotado. Foi então que um amigo, fuçador da Internet, se ofereceu para visitar os *sites* de sebos. Deu resultado. Tenho o livro na minha mesa.

O Chico esteve de namoro com a TFP. TFP, Tradição, Família e Propriedade, foi uma organização católica ultraconservadora, de direita, anticomunista, que pregava a luta pela restauração dos valores e tradições enunciados no seu nome. Eu me divirto imaginando o Chico lá dentro... Quem relata o incidente é sua mãe, Maria Amélia.

> "Um dia, aos 14 anos, Chico mudou. Terminara o ginásio e apareceu com uma mania religiosa típica da aristocracia. Ficou muito besta [no texto ela não troca em miúdos esse "ficar besta". Resta imaginar...] – sério, não ria. Ficou solene. Andava de roupinha engomada, ia para a igreja, comungava." [...] Sérgio, que era agnóstico, e Maria Amélia, católica, foram falar com o padre da escola e descobriram, enfim, que um professor de história, chamado Carlos Alberto Koch de Sá Moreira, estava aliciando meninos para a sua organização, a dos Ultramontanos, que mais tarde daria origem à TFP, organização fascistoide de inspiração medieval que defende a propriedade privada e pratica um catolicismo ultraconservador, ligada a uma ala da Igreja, e cujo guru era Plínio Correa

de Oliveira. Os pais tentaram convencê-lo a largar aquelas manias. Chico não aceitava.

O fervor religioso era de tal intensidade que, passando férias na fazenda de um amigo, ele e o amigo andavam quilômetros para ir até a igreja assistir à missa.

O Chico comenta o acontecido:

> "Éramos uns doze e íamos para a casa do professor em Higienópolis, onde ele mostrava uns negócios de audiovisual com imagens do Monte St. Michel. Tinha história e música, com pompa e circunstância. Não tinha um proselitismo ideológico visível, mas subliminar. Só aprendia que o mundo ia acabar e apenas uns poucos iam se salvar. E eu, claro, estava querendo ser um dos predestinados. Opa, pensava, tô nessa boca." [...] A família ainda chamou o dominicano frei Benevenuto para conversar com o Chico, mas a teimosia da adolescência tem dessas coisas. Chico não cedia.

Então o jeito foi mandar o Chico para Cataguases, colégio interno, para refletir.

Os pais se privaram da presença do filho enviando-o para o colégio interno não para salvá-lo de drogas e malandragens (há o caso mal contado do roubo de uma kombi, coisa de adolescente), mas de um outro tipo de droga. Há drogas bioquímicas e há drogas ideológicas. Os resultados são semelhantes.

VARIAÇÕES SOBRE A INTELIGÊNCIA

O Benjamin estava certo. Eu era ridículo. Mas não pelas razões dele – que eu era ridículo por ser caipira de Minas que falava os erres torcendo a língua. Sou ridículo pelas ideias em que acreditei. Onde estava a minha inteligência?

Tenho vergonha de haver acreditado no que acreditei. Mais que vergonha, o que eu sinto é raiva de mim mesmo. Eu tinha certezas. Meu caso foi mais grave que os casos do Vinicius e do Chico, que se curaram logo. Eu, não. Joguei minha vida inteira nas ideias doidas. Por causa delas, rompi meu namoro com a Débora, que eu muito amava, e o fiz com as lágrimas me escorrendo pelo rosto. Por causa delas, abandonei as perspectivas de uma respeitável carreira de médico, que teria trazido felicidade aos meus pais. Lembro-me da noite em que chamei meu pai e minha mãe para comunicar-lhes que eu iria para o seminário. Eles ficaram mudos de espanto. "Como é que você vai sobreviver, meu filho?", meu pai me perguntou num tom de súplica, tentando chamar-me à razão. Respondi, convicto: "Deus cuidará de mim".

De uma coisa eu sei: os pensamentos que eu tinha não são os pensamentos que tenho, mas a inteligência que eu tinha é a mesma que agora tenho. Como é que a inteligência, a mesma inteligência, muda assim de opinião?

Pensei muito sobre isso e acho que encontrei uma resposta nas estórias das *Mil e uma noites*. Naqueles tempos mágicos, gênios de poderes ilimitados eram presos em garrafas. Se alguém – místico ou bandido – tirasse a rolha da garrafa, o gênio saía e se tornava escravo daquele que o havia libertado. Os gênios tinham o poder dos deuses, podiam fazer qualquer coisa. Mas eram destituídos de vontade própria. Um gênio faz o que o seu mestre manda.

O místico lhe dirá que deseja ver Deus. O gênio, sem discutir, o levará ao Paraíso. O bandido dirá que deseja roubar o tesouro de Ali Babá. O gênio, sem discutir, o levará até a gruta onde o tesouro está escondido.

A inteligência é assim. Ela não faz discriminações, é um poder que desconhece o que é o bem e o que é o mal. Falta-lhe a sabedoria dos cães, que jamais comem sem antes testar a comida pelo cheiro. O nariz então lhes diz: "Isso pode ser comido, isso não deve ser comido". Para ela, inventar vacinas e inventar armas são a mesma coisa.

Para distinguir o bem do mal, a inteligência teria que ser serva da sabedoria. O sábio é um degustador.

Imagine um bufê em que os mais variados tipos de pratos são servidos. O sábio degustador "escolhe" o prato que lhe dá prazer e recusa o prato que não lhe dá prazer. Mas, para a inteligência pura, todos os sabores são iguais. Por não saber degustar, uma sopa de caranguejo e um angu mole sem sal são a mesma coisa.

O gênio come o que o seu dono lhe ordena comer. O gênio da minha garrafa simplesmente me dava a comida que o meu coração pedia. Nada de errado com a minha inteligência. Era o coração que estava errado.

Eu só consigo pensar por meio de analogias. E percebi que existe uma analogia entre a inteligência e as lâmpadas.

As lâmpadas servem para iluminar. Para isso, são dotadas de potências de iluminação diferentes. Há lâmpadas de 60 watts, de 100 watts, de 150 watts... Esse número em watts diz o poder de iluminação da lâmpada.

Também as inteligências servem para iluminar. Nos gibis, o desenhista, para dizer que um personagem teve uma boa ideia, desenha uma lâmpada acesa sobre a sua cabeça. As inteligências, à semelhança das lâmpadas, também têm potências de iluminação diferentes.

Os psicólogos inventaram testes para medir a "wattagem" das inteligências. Ao poder de iluminação da inteligência eles deram o nome de QI, coeficiente de inteligência. Mas eu prefiro falar em "wattagem" da inteligência. A analogia explica com maior rapidez e clareza. Assim, em vez de QI, vou dizer WI, wattagem da inteligência.

As inteligências não são iguais. Pessoas a quem os testes inventados pelos psicólogos atribuíram uma WI 200 têm um poder muito grande para iluminar. Havia um professor na Unicamp que se gabava de ter WI 200 e, para provar, mostrava a carteirinha.

Mas nós não olhamos para as lâmpadas. As lâmpadas não são para serem vistas. As lâmpadas valem pelas cenas que iluminam e não pelo seu brilho. Olhar diretamente para a lâmpada ofusca a visão. Há inteligências de WI 200 que só iluminam esgotos e cemitérios. E há inteligências modestas, como se fossem nada mais que a chama de uma vela, que iluminam sorrisos. Bachelard jamais trocaria a chama da vela que iluminava a sua mesa de trabalho por uma lâmpada de 200 watts. A chama de uma vela ilumina os recantos sombrios da alma. O brilho de uma lâmpada de 200 watts estupra os recantos sombrios da alma.

Uma lâmpada não tem vontade própria. Ela ilumina o objeto que o seu dono escolhe para ser iluminado. A inteligência, como as lâmpadas, não tem vontade própria. Ela ilumina os objetos que o coração do seu dono determina que sejam iluminados. A inteligência de quem ama dinheiro ilumina dinheiro, a inteligência dos criminosos ilumina o crime, a inteligência dos artistas ilumina a beleza. A inteligência é mandada. Só lhe compete obedecer.

O povo alemão, entre todos os povos do mundo ocidental, foi aquele que mais se educou no exercício da razão. A Alemanha é a pátria de grandes filósofos e de cientistas.

No entanto, essa inteligência educada pela razão abraçou o nazismo. Por quê?

"Nazismo" é uma palavra. E as palavras são bolsos. O sentido de uma palavra é dado pelas coisas que colocamos dentro do bolso.

Dentro do bolso chamado "nazismo" estavam palavras lindas, sedutoras: saúde, limpeza, beleza. E a esperança da ressurreição do povo alemão humilhado pelos vitoriosos da Primeira Guerra.

A palavra "nazismo" era um sonho de beleza e heroísmo, uma raça pura de heróis louros, olhos azuis e pele branca, cujas raízes se encontravam mergulhadas no mundo mágico da mitologia.

A beleza é sedutora e perigosa. Ela é a arena onde Deus e o Diabo travam as suas batalhas.

Max, o judeu que a família de Liesel escondeu da Gestapo por vários meses no porão da casa – se você quiser saber a estória toda leia o livro *A menina que roubava livros* –, enchia o seu tempo vazio escrevendo coisas. E elaborou uma teoria sobre Hitler.

> Era uma vez um homenzinho estranho que decidiu três detalhes importantes de sua vida.
>
> 1. Ele repartiria o cabelo do lado contrário ao de todas as outras pessoas.
> 2. Ele criaria para si mesmo um bigode pequeno e esquisito.
> 3. Um dia, ele dominaria o mundo.
>
> O homenzinho perambulou por muito tempo, pensando, fazendo planos... E então, um dia, saído do nada, ocorreu-lhe o plano perfeito. Ele viu uma mulher passeando com o filho. A horas tantas, ela repreendeu o garotinho até que ele acabou começando a chorar. Em poucos minutos, ela lhe falou baixinho, e depois disso ele se acalmou e até sorriu. O homenzinho correu até a mulher e a abraçou. "Palavras!" e sorriu. "O quê?" Mas não houve resposta. Ela já se fora. Sim, o Führer decidiu que dominaria o mundo com palavras. Seu primeiro plano de ataque foi plantar as palavras em tantas áreas de sua terra natal quantas fosse possível. Plantou-as dia e noite e as cultivou. Observou-as crescer até que grandes florestas de palavras acabaram crescendo por toda a Alemanha. Era uma nação de pensamentos cultivados. Enquanto as palavras cresciam, nosso jovem Führer plantou ainda sementes para criar símbolos...

O nazismo não triunfou somente com promessas econômicas. Triunfou porque criou uma mitologia do povo alemão. E os mitos são sedutores. A inteligência se ajoelha diante deles e os adora.

(De repente fiquei curioso: será que já houve alguma interpretação do nazismo como fenômeno estético?)

Coisa parecida aconteceu com o comunismo. O comunismo foi um mito de justiça, a derrubada dos poderosos, a ressurreição dos trabalhadores oprimidos, tudo sustentado pela força da dialética histórica.

Milan Kundera, explicando o fascínio do comunismo, escreveu o seguinte:

> Aqueles que pensam que os regimes comunistas da Europa Central são obra exclusiva de criminosos deixam na sombra uma verdade fundamental: os regimes criminosos não foram feitos por criminosos mas por entusiastas convencidos de terem descoberto o único caminho para o paraíso... (*A insustentável leveza do ser*)

A tragédia acontece porque o povo acredita. A sua inteligência não tem forças para resistir ao fascínio do mito.

Assim, perdoem-me os meus amigos de esquerda pelos pensamentos que tenho. Não sou culpado deles. Eu não os penso por querer pensá-los. Meus pensamentos são mais fortes do que eu. Bem que gostaria de ter pensamentos diferentes. Eu seria mais feliz. Mas, de tudo isso que escrevi sobre a inteligência, vem-me um pensamento que se impõe. Santo Agostinho disse que povo é um conjunto de pessoas racionais unidas por um mesmo amor. Eu penso ao contrário: povo é um conjunto de pessoas irracionais capazes de acreditar em qualquer mito e por ele dar a sua vida. Não confio no povo. Ele não é digno de confiança.

OS ADOLESCENTES E AS RELIGIÕES HEROICAS

Há aqueles que se convertem aos mitos infernais. Esses são desprezíveis e andam agachados.

E há aqueles que se convertem aos mitos de beleza; desejam ser heróis de um drama cósmico. O herói é belo; de pé, braços abertos, rosto iluminado pelo sol, ele estende as suas mãos para receber, da mão dos deuses, o fogo. Os adolescentes sonham com Prometeu.

Adolescência é quando o jovem desabrocha para o mundo. É uma experiência tão forte que não comporta dúvidas. Por isso ela se impõe de forma absoluta. O adolescente não duvida do que vê e sente. Faltam-lhe as virtudes da maturidade que só se aprendem com as derrotas: a dúvida, a suspensão do julgamento, a desconfiança, o relativismo. "Sei muito bem o que estou fazendo", essa é a resposta confiante do filho ao pai que o adverte sobre uma imprudência.

Daí o seu fascínio pelos universos absolutos e heroicos, como os universos da religião e da política.

Com o passar do tempo e a experiência das decepções, seus sonhos ficam mais modestos. A esse progressivo abandono dos sonhos se dá o nome de maturidade. Maduros, sem ilusões, eles trocam seus absolutos pela bandeira de um time de futebol. Afinal, um campeonato mundial de futebol é um drama cósmico...

Os adolescentes se movem em grupos. A repetição dos mesmos slogans confirma a verdade das convicções. Os grupos os tornam fortes. Pode ser uma igreja ou um partido. Livres finalmente da tutela dos pais, eles navegam ao sopro do vento dos seus sonhos. O horror não é uma consequência de "más intenções".

Ele brota, precisamente, das "boas intenções" que, por serem boas, têm de ser absolutas.

Na escola, não fui um belo herói: "Você é ridículo".

Sonhei então em ser herói como pianista. Pianistas também são heróis. Entram sozinhos no palco tendo apenas as mãos como armas. Diante de centenas de pessoas em silêncio, eles vão lutar com um dragão negro de boca aberta com 88 dentes, pronto a devorá-lo. Nos momentos de espera e silêncio que antecedem o concerto, o piano no centro do palco, eu me pergunto: "Quem vencerá a batalha? Será que o piano vai devorar o herói?". Aí o pianista assenta-se e domina o monstro, obrigando seus 88 dentes a tocar uma sonata de Mozart...

Mas eu fracassei também como pianista. O piano me devorou.

Duas vezes fracassado como herói. A Igreja me oferecia uma nova possibilidade. Um pregador cujas palavras têm o poder de fazer os pecadores tremerem de medo e as mulheres chorarem é também um herói!

O SEMINÁRIO

Ainda está lá, um prédio de estilo grego clássico, tijolos à vista, imponente, com quatro altas colunas do mesmo estilo daquelas do Colégio Santo Inácio onde o Vinicius ensaiou tornar-se um soldado da Igreja. Embora o neguem, católicos e protestantes habitam um mundo sustentado pelas mesmas colunas. De acordo quanto à arquitetura do universo, só discordam acerca da burocracia que manda neste mundo. Toda arquitetura revela uma metafísica e uma ética. Ela mostra que "o mundo é assim". E acrescenta: "e assim devem ser os homens".

Era chamado de "casa dos profetas". Aproximávamo-nos com respeito dos sábios que ali pontificavam, certos de que haviam sido escolhidos pelo muito que sabiam. Também eles eram colunas imutáveis.

Antes da escrita, as estórias eram contadas de boca em boca. Foi assim que a Bíblia foi sendo formada através dos séculos. Eram um bando de andarilhos sem terra que erravam pelo deserto, sem saber direito para onde estavam indo, e que andavam em círculos. De noite, sob o céu estrelado, eles se reuniam para ouvir as estórias que os velhos contavam. Não sabiam o que era uma cidade, casas fixas plantadas na terra. Andarilhos, sem domicílio certo, levavam consigo suas tendas por onde iam. Sonhavam com uma terra sobre a qual seus antepassados haviam contado estórias, terra que manava leite e mel...

Foi então que chegaram a um lugar assombroso, planícies verdejantes banhadas por um rio. E os moradores daquelas terras não moravam em tendas, tinham residência fixa em casas construídas com pedra, tijolos e barro. Aquelas casas, centenas, quem sabe milhares delas, formavam uma cidade. E nas cidades havia torres enormes, como se fossem pirâmides – que subiam para se encontrar com as estrelas – chamadas zigurates.

Se quisessem morar naquelas terras, eles teriam que derrotar com lança e espada os guerreiros que ali moravam.

Foi assim que, nos seus sonhos, as cidades e os seus moradores passaram a ser descritos, nas estórias que se contavam, como moradas da maldade. Jeová não morava em casas. Morava em tendas. Jeová não gostava das cidades e de seus moradores. Por isso, era justo que eles fossem destruídos.

Foi assim que surgiu a estória da Torre de Babel. Essa torre era um símbolo da arrogância dos moradores das cidades, que desejavam subir até a morada dos deuses. Jeová lhes deu o castigo devido, mandou-lhes a praga da confusão de línguas: um falava, os outros não entendiam. E a torre teve de ser abandonada, porque é impossível construir qualquer coisa quando um fala e os outros não entendem.

Deus estava ao lado dos andarilhos que moravam em tendas e, por isso, eles teriam a força necessária para derrotar os habitantes das cidades e suas torres. Para Deus, nada é impossível; um adolescente tendo como arma um estilingue apenas é capaz de derrotar um gigante com armadura e espada...

Na pequena aldeia, os desejos são poucos e modestos. Na cidade, os desejos são muitos. Na pequena aldeia, os pecados são poucos. Na cidade, os pecados são muitos. A cidade é o lugar do pecado, da riqueza, da luxúria, da violência, da cobiça. Na cidade estão os bancos, os bondes, os trens, as fábricas, os cinemas, os restaurantes, as lojas, os jornais, os bordéis... Deus prefere a pequena aldeia...

*

> O Tejo é mais belo que o rio que corre pela minha aldeia, mas o Tejo não é mais belo que o rio que corre pela minha aldeia, porque o Tejo não é o rio que corre pela minha aldeia. [...] O rio da minha aldeia não faz pensar em nada. Quem está ao pé dele está só ao pé dele.

O tempo é um rio. Heráclito foi o primeiro a dizê-lo. Mas é preciso fazer distinções. Há rios de corredeiras, pedras e cachoeiras onde mora o perigo. E há os rios mansos, rasos e preguiçosos...

Rio vagaroso, tempo vagaroso. Também os seus peixes nadam vagarosamente, sem querer ir a lugar algum. Nadam para ficar. No tempo vagaroso da pequena aldeia, os pensamentos são peixes preguiçosos...

Assim era o espaço e o tempo dos professores. O prédio do seminário, com suas quatro colunas gregas, era o centro imóvel em torno do qual girava a pequena aldeia, as casas onde moravam (Êpa! Meu dedo cometeu um lapso. Escreveu "mofavam" em vez de "moravam"... Freud logo interpretaria o lapso do meu dedo...) os professores, o tempo voltando sempre ao início. Sempre assim. Sair de casa pela manhã, caminhar na direção do seminário, participar do culto, fazer as mesmas orações em todas as aulas, dar as mesmas aulas já dadas vezes sem conta... O seminário era uma pequena aldeia onde tudo é sempre o mesmo.

A VOCAÇÃO

Ele não queria ir para o seminário. O que ele queria mesmo era a Capitu.

— Dona Glória, a senhora persiste na ideia de meter o nosso Bentinho no seminário? É mais que tempo e já agora pode haver uma dificuldade.

— Que dificuldade?

— Uma grande dificuldade... Não me parece bonito que o nosso Bentinho ande metido nos cantos com a filha do Tartuga e essa é a dificuldade, porque, se eles se pegam de namoro, a senhora terá que lutar muito para separá-los...

É costume velho usar os filhos para negociar com Deus. O patriarca Abraão chegou a ponto de amarrar o filho num altar e já estava preparando a faca para sangrá-lo, sabedor de que Jeová é terrível e só aceita pagamento em sangue. Foi quando Jeová mesmo interveio para pôr fim à loucura do velho.

As mães religiosas por vezes têm cabeças e corações iguais ao do velho patriarca. Fazem promessas que seus filhos são obrigados a cumprir dando a própria vida em pagamento.

Padres, pastores e psicanalistas são perigosos. Eles pertencem à mesma classe: são homens que ficam sozinhos com mulheres carentes. Sua profissão é ouvir. Ouvir para consolar. Podem ficar sozinhos com mulheres porque consolo é coisa pura. Palavras, somente palavras.

Ah! As palavras, como são perigosas sob sua capa de fraqueza, nada mais que letrinhas, nada mais que sons... Mas o caminho que vai da palavra até lugares secretos do corpo é curto. Pra usar uma expressão querida dos mineiros, "é só um pulinho".

No filme *O carteiro e o poeta*, a tia vê a sobrinha voltar de um encontro com o namorado. A moça caminha em transe. A tia imagina sem-vergonhices.

"O que é que ele fez com você?", ela pergunta com voz de ira e preocupação. E se ele tivesse feito "aquilo"?

Ainda em transe, a sobrinha responde:

"Ele me declamou um poema..."

A tia sabia do poder das palavras. Sua ira se transforma em resignação.

"Ele leu um poema pra você... Então você está perdida..."

O Evangelho já advertira que as coisas começam com o verbo. Mas o caso dos pastores, padres e psicanalistas é mais curioso porque sua fala está protegida por uma interdição. O que é permitido é a palavra, só a palavra. A mão está proibida.

Mas é mais do que sabido que, quando o toque da mão é proibido, a fantasia sofre uma ereção. "Tenho uma ereção na alma", dizia Fernando Pessoa. O que provoca a ereção não é o toque, mas a imaginação.

Aí explode a paixão proibida pelo homem que fala manso e fica em silêncio escutando.

Mas esse homem objeto da paixão não é o real, é o imaginado. Em um poema, Cassiano Ricardo brinca com essa ideia. E começa fazendo uma pergunta terrível que nenhuma amante gostaria de ouvir: "Por que tenho saudade de você, no retrato, ainda que o mais recente? E por que um simples retrato, mais que você, me comove, se você mesma está presente?".

Feita essa desqualificação da presença, ele faz variações sobre o objeto amado que mora no retrato:

> Talvez porque o retrato, já sem o enfeite das palavras, tenha um ar de lembrança.
> Talvez porque o retrato (exato, embora malicioso) revele algo de criança como, no fundo da água, um coral em repouso.
> Talvez pela ideia de ausência que o seu retrato faz surgir colocado entre nós dois (como um ramo de hortênsia).
> Talvez porque o seu retrato, embora eu me torne oblíquo, me olha, sempre, de frente (amorosamente).
> Talvez porque o seu retrato mais se parece com você do que você mesma (ingrato).
> Talvez porque, no retrato, você está imóvel (sem respiração...).
> Talvez porque todo retrato é uma retratação...

A mulher apaixonada, condenada pela interdição a não tocar aquele que ela julga ser o objeto do seu amor, transforma o desejo não satisfeito em liturgias. Símbolos. É sempre assim: quando a paixão não se realiza na realidade, ela se transforma em poesia, seja a poesia das palavras, seja a poesia dos gestos.

No filme *9½ semanas de amor* há uma cena intensamente erótica: na cozinha, a mulher de olhos vendados, o homem vai vagarosamente colocando uvas na sua boca... Ah! Quantos segredos de amor estão ditos numa simples uva que se oferece.

Uvas que se oferecem são declarações de amor. "Morda-me, devagarzinho... Deixe que o caldo escorra pelo canto da boca. E então me coma..."

É claro que tudo isso acontece sem que a apaixonada se dê conta do que está fazendo. E, para atestar a pureza do desejo, esse Outro chamado Inconsciente que mora nas funduras do corpo faz uso de um artifício: desvia o desejo para um outro destinatário. Como nos sonhos. O Inconsciente põe uma coisa no lugar de outra. Dessa forma, ele diz a verdade mentindo. A alma é uma mentirosa. Mente para proteger o amor proibido.

A mãe oferece o seu filho recém-nascido a Deus: ele será pastor. Mas será que é a Deus mesmo que ela o está oferecendo? Ou será a um outro que, no seu imaginário, está no lugar de Deus?

No caso do Bentinho foi diferente. Está lá no *Dom Casmurro*. É o próprio Bentinho que explica:

> Os projetos vinham do tempo em que fui concebido. Tendo-lhe nascido morto o primeiro filho, minha mãe pegou-se com Deus para que o segundo vingasse, prometendo, se fosse varão, metê-lo na Igreja.

Para fazer isso, é preciso que a mãe acredite que o filho é propriedade sua, o que é comum. Só assim ela pode dispor do filho sem consultá-lo. Aí o cordeiro vai para o altar do sacrifício sem querer, só para salvar a mãe da punição divina. O altar do sacrifício é o seminário. Esse mecanismo explica uma das razões por que um moço vai para o seminário: a mãe o dedicou ao Senhor...

Mas há outras razões por que um moço vai para o seminário.

No seminário, descobri que Deus jogava com dados viciados. Ele não distribuía vocações igualmente, indiferente ao lugar geográfico, social e econômico dos jovens. As vocações apareciam preferencialmente entre gente pobre de regiões rurais. Os teólogos da libertação vão confirmar e dirão: "É assim mesmo. Deus tem uma opção preferencial pelos pobres". Mas é curioso isso, que a graça divina escorra pelos sulcos da sociologia...

Acontece que os pobres, não por causa da genética ou da pobreza, mas pelas condições sociais de onde provinham, tinham uma inteligência mais vagarosa, lenta, pacificada, feliz com seus pensamentos. Não padeciam de tormentos metafísicos. Seus sonhos eram simples: queriam ser pastores de uma igrejinha nalgum lugar onde seriam importantes. Eram sapos que sonhavam em ser príncipes... Um deles, me lembro bem, sonhava ter uma besta bem arreada para ir de sítio em sítio visitando os crentes e fazendo oração.

Inteligência para quê? Deus não se dá bem com os inteligentes. Os inteligentes são arrogantes, fazem muitas perguntas e gostam de duvidar. Inteligência não leva ninguém para o céu. Iam para o seminário só porque a Igreja exigia: pastores presbiterianos tinham de ser cultos, saber grego e hebraico, falar português gramaticalmente correto. Não fosse por essa exigência burocrática, eles seriam pastores com o que já sabiam. E, pra dizer a verdade, os cinco anos de seminário não acrescentavam grande coisa.

Se eles iam para o seminário era para cumprir uma importante formalidade burocrática. Um diploma de curso superior dá status.

As Escrituras Sagradas são claras: para Deus, a sabedoria dos homens é tolice e a tolice dos homens é sabedoria. Deus põe o mundo de cabeça para baixo. Sem haver lido Tertuliano, eles já adotavam o seu lema intelectual: "*Credo quia absurdum*", creio porque é absurdo.

Isso tinha graves consequências pedagógicas: "Se Deus o vocacionou, quem sou eu para reprovar e recusar?", assim um professor justificava o seu jeito academicamente reprovável de dar notas altas para alunos de inteligência curta.

Desejo agora fazer uma coisa a que Barthes dá o nome de "excursão": sair do curso. É sobre essa coisa que acontece sempre quando um homem e uma mulher estão a sós numa sala, seja o consultório do terapeuta, seja a sacristia, seja o escritório do pastor.

Essa intimidade que se estabelece entre mulheres carentes e padres, terapeutas e pastores frequentemente chegam às consequências que as línguas maldosas haviam previsto. A maldade pode ser uma fonte de clarividência intelectual.

Juntos, um homem e uma mulher... O homem, cansado de representar o papel de santo guerreiro contra o dragão da maldade...

A mulher, sem defesas, adormecida, à procura de um Infante Esforçado que vá despertá-la com palavras de poesia... (Fernando Pessoa disse que a maior crítica ao romantismo ainda não foi feita e é a seguinte: todos somos irremediavelmente românticos...)

A ocasião faz o ladrão. Da fala só fala é fácil passar a um puro roçar de dedos, que se transforma em mãos que se seguram, expandindo-se num abraço, rosto contra rosto, e basta então uma virada de rosto para que as bocas se encontrem e aí já não é mais possível segurar. O desfecho já estava escrito. Daí para frente é um problema infernal de desejo, pecados deliciosos, e culpa...

Pode ser que os dois, tomados pela paixão, se decidam a chutar o balde e passem a viver juntos publicamente. É uma solução honesta, mas dolorosa. A mulher será crucificada pela inveja das outras. Eva, a sempre sedutora... Foi Eva que seduziu o tolo Adão a chupar uma uva...

Mulher que desvia padre do sacerdócio está destinada ao Inferno, ela e a sua família. O pecado de uma mulher vira pecado e vergonha de toda uma família.

Mas pode ser que eles se arrependam e queiram consertar o mal que foi feito. É preferível uma vida medíocre aos sobressaltos do amor proibido.

A Igreja Católica oferece a solução mais fácil: o confessionário. É só confessar que Deus perdoa. O confessionário garante o segredo. O padre confessor, por juramento, tem a boca costurada. E depois da confissão é como se tudo o que aconteceu não tivesse acontecido. E se a coisa acontecer de novo é só voltar ao confessionário. Penitências a se cumprir são um preço baixo para os prazeres do amor. O confessionário dá permissão para a repetição, pois é sabido que a carne é fraca.

Depois há a solução psicanalítica. O psicanalista não perdoa pecados. Ele os interpreta. E, ao interpretá-los, tira-lhes o horror. O psicanalista mostra que o que aconteceu se encaixa na rede imemorial de mitos da humanidade. Relembra o mito de Édipo. Fala sobre as armadilhas da transferência. Cita Lacan. Medita sobre as fraturas do desejo. Sua fala opera o milagre: substitui a culpa irracional pela tranquilidade do conhecimento.

A situação dos pastores é mais complicada, muito mais complicada. Nas igrejas protestantes não há confessionários protegidos pela lei do silêncio. Se os pecadores ficam mordidos pela culpa, há um único caminho: confessar. Não a um confessor de boca costurada, mas ao conselho da igreja.

Aí é aquela meleca. Porque os membros do conselho não estão sob o juramento do silêncio. Contam para suas mulheres, que contam para suas amigas. E, ao contrário do que acontece no confessionário católico, os conselhos das igrejas protestantes e os seus membros não perdoam. Os pecadores têm de ser apedrejados como Acã. A punição, excomunhão dos sacramentos, é publicamente anunciada.

De um ponto de vista puramente pragmático, considero que um pastor amoroso e prudente jamais deveria ter um caso com uma mulher protestante. As igrejas protestantes não dispõem de um mecanismo secreto para aliviar as culpas. Seria mais seguro ter um caso com uma mulher católica, que resolve seus dramas de consciência no confessionário. Fim da excursão.

Voltemos aos pobres. Os pobres são humildes. Fui criado acreditando nisso. No seminário, aprendi que não é bem assim. A pobreza não faz ninguém humilde. Os pobres são humildes por causa da impotência que vai com a pobreza. Se, por algum acaso, um pobre se vê dotado de poder, ele se transmuta em opressor. Isso acontece com todo mundo. Foi o caso de um líder poderoso e truculento que dominou por muitos anos o destino da Igreja Presbiteriana. Menino, era um pobretão. Saiu de um buraco no Brasil rural com uma vontade férrea de vencer na vida. Suportou a humilhação de ter de rachar lenha para pagar seus estudos na instituição educacional missionária em que estudou enquanto os filhos de pais ricos estavam flanando. Chegou ao posto máximo da Igreja, correspondente a cardeal. Aí se vingou. Acho que sua truculência como líder foi para vingar-se da humilhação sofrida. No seu imaginário, ele nunca deixou de rachar lenha. Aí, pela metonímia, desviou seu machado das achas de lenha e aplicou os seus golpes naqueles que não se abaixavam diante dele como ele, num dia do passado, fora obrigado a se abaixar.

É verdade que Deus ama os pobres. Mas é verdade também que não confia neles. Dentro de cada pobre humilde mora um burguês prepotente.

Aprendi que os pobres são conservadores. Não os miseráveis que não têm condições para pensar. Os pobres que conseguem colocar o pescoço para fora do buraco da miséria. A ida para o seminário marca a diferença. Estão agora sob a proteção da "mater et magistra". Mãe, a Igreja protege os seus. Mestra, ela protege os que aprendem suas lições de obediência. Não mais pertencem ao grupo daqueles que ganham a vida segurando um cabo de enxada ou de machado. O pastor é diferente. Se veste diferente, terno e gravata. É tratado de forma diferente: "reverendo". É olhado de forma diferente: ele tem intimidades com Deus que os comuns não têm. Ele se levanta no púlpito e fala enquanto os paroquianos escutam. Ele tem acesso à vida íntima dos membros de sua igreja. Compreende-se que ele não deseje perder as vantagens que seminário e pastorado lhe concedem. Torna-se então um fiel defensor da instituição que o protege. É importante ter isso em mente para se entender o que iria acontecer no futuro. Quando, em anos posteriores, surgiram os primeiros brotos daquilo que iria se transformar na teologia da libertação, isto é, a teologia que profeticamente cobrava da Igreja um comprometimento com a sorte dos pobres, os pastores surgidos da pobreza não se aliaram à nova teologia; eles se aliaram às forças conservadoras do passado, que eram as forças dominantes na Igreja. Não tiveram coragem para tomar o risco de perder tudo; caso se arriscassem e perdessem as migalhas que haviam conquistado, não teriam para onde ir, estariam abandonados, quem sabe condenados a voltar ao lugar de onde tinham vindo. Foram aqueles provindos da classe média que tiveram coragem para arriscar.

Pobres não sonham com revolução social. Sonham em subir na vida. O que eles querem mesmo é ser admitidos no mundo onde moram seus patrões. Guevara idealizou os pobres e pagou seu erro com a própria vida. Os pobres o entregaram. O que os pobres queriam mesmo não era revolução comunista, ninguém é dono de nada, todo mundo é dono de tudo. O que queriam eram uma "propriedade", pedaço de terra deles mesmos, de onde eles fossem donos. Sonhavam em ser "proprietários"... Mas eles não foram culpados. É que não conseguiam pensar mais longe.

Para se pensar em revolução social, o pensamento tem de ter asas. Pato doméstico não sonha com voos. Sonha com mais milho. Mas os "vocacionados" vinham de quintais onde só se pensava o perto no tempo e no espaço: o amanhã, a plantação, a chuva que não vem, a chuva que não passa, a doença do gado, a floresta, a montanha, o rio, coisas imutáveis, eram como sempre tinham sido e seriam como eram. O mundo não muda. É do jeito que é porque Deus quer.

Mas há uma coisa que pode ser mudada: o jeito de andar nele. As bananas não mudam. São como sempre foram. Mas há caminho e caminho para se chegar a elas. Macaco que sabe o caminho mais curto come mais bananas. As formigas praguejam no meu jardim. Por mais que goste de Albert Schweitzer, não consigo sentir amor pelas formigas. São espertíssimas. Nunca seguem a mesma trilha. Olho para o gramado e vejo as novas trilhas que elas abrem a cada novo dia. É assim que os bichos têm sobrevivido por milhões de anos, sem tentar mudar o mundo, mas mudando o jeito de se andar nele. Reescrevo então, ao contrário, a famosa frase de Marx: "A questão não é mudar o mundo. A questão é descobrir um jeito de se andar nele. Vem daí a estratégia do 'ajeitar-se'".

Os pobres, no comum, procuram as trilhas que levam à sobrevivência e à segurança. Fracos, a prudência sugere alianças com os poderosos. É demonstração de sabedoria e prudência convidar o patrão e a patroa para serem padrinhos do filho...

Na roça, quando a noite vem chegando, as galinhas voltam para o galinheiro e vão procurar os poleiros. Poleiro é um lugar alto. Galinha que dorme em poleiro está mais segura que galinha que dorme no chão. E aí elas começam a piar enquanto olham os poleiros, esticando o pescoço para medir a distância do primeiro pulo.

A "vocação" para o pastorado era o pulo inicial para o primeiro poleiro, que poderia levar a muitos outros, mais altos. Era uma melhoria nada desprezível: trocar o cabo da enxada pelo paletó e pela gravata. Muita gente trocou o cabo da enxada pela amizade dos milicos, a ponto de se transformar em delatora. O delator é um medroso que, para conseguir a proteção do homem armado, revela o esconderijo do amigo. Aí, então, o homem armado sorri para ele e ele se diz: "Ele gosta de mim; estou seguro...". Assim aconteceu com aquele líder...

Eram duas, apenas duas, as trilhas que se ofereciam aos pobres para sair da pobreza em que se encontravam: a escola militar e o seminário. A alternativa era simples. De um lado, a rudeza da vida do campo e a pobreza da pequena cidade, sem saída; e, do outro, o seminário, porta aberta para o mundo da Igreja, que lhes parecia infinito. Pelo menos nesse caminho suas mãos ficariam sem calos... Diante da relutância do Bentinho, acenaram-lhe com uma magnífica possibilidade: "Prepara-te, Bentinho; tu podes vir a ser protonotário apostólico...".

Nas zonas rurais, o pensamento é pachorrento como as nuvens. Nas zonas urbanas, o pensamento é rápido como os trens.

Havia uns poucos "vocacionados" que vinham de zonas urbanas de tempo e pensamento diferentes. Provenientes da classe média, poderiam ter cursado as universidades. Mas algo os desviara desse caminho: uma experiência emocional intensa que poderia ser descrita como "falta de sentido" para a vida. Vida sem sentido são as peças de um quebra-cabeça espalhadas sobre a mesa. Mas a alma prefere sempre a ordem à desordem.

(Talvez seja por isso que eu gosto tanto de armar quebra-cabeças. É meu passatempo favorito. A experiência de encontrar uma peça que se encaixa na outra é uma alegria. O macho entra tão fácil na fêmea... Inspirado na poética do Manoel de Barros, eu digo: os quebra-cabeças me terapeutam...)

Na confusão da falta de sentido, a religião aparece como um novo modelo de ordem. Mas lembrem-se. Primeiro os seus representantes tratam de desarrumar o quebra-cabeça que estava armado para então, valendo-se da perturbação emocional que tal situação cria, apresentar o modelo salvador, o seu.

Meus pais não ligavam para religião. Minha mãe jamais me usaria como moeda em negócios com Deus. Éramos classe média. Eu estava me preparando para o vestibular de medicina. Fui para o seminário por causa da tal experiência emocional. Era uma ferida narcísica, aquela que o Benjamin me abriu, dizendo que eu era ridículo. Eu queria ser bonito, eu queria ser um herói na grande batalha entre Deus e o Diabo.

No momento da batalha, o herói não pode ter dúvidas. O que ele vê é absoluto. E quem está possuído pelo absoluto é um fundamentalista.

Fundamentalismo é uma doença da razão, a mais universal, que mora na alma de todos os homens, ainda que encapsulada. É o pecado original. Por ele perdemos o Paraíso. A serpente enganou Adão e Eva dizendo-lhes que o fruto proibido lhes daria o conhecimento absoluto que somente os deuses têm.

O fundamentalismo se revela na linguagem. Ela não tem nem reticências nem pontos de interrogação. Só pontos finais e pontos de exclamação. Com ela não se pode escrever poemas. Porque os poemas vivem dos silêncios que há nos interstícios das palavras. Nos interstícios mora a música. Mas o fundamentalismo não conhece nem silêncios nem interstícios. É uma linguagem compacta que não faz lugar para o possível. Um jogo de xadrez em que não há espaços vazios para os movimentos das peças.

Um fundamentalista não faz perguntas. Por que perguntar se ele já tem todas as respostas? Quando ele faz perguntas, suas perguntas não são verdadeiras. São perguntas de catecismo, artifícios retóricos para fazer lugar à resposta já sabida.

Trata-se de uma doença universal da alma que infecta indiferentemente tanto a direita quanto a esquerda, tanto indivíduos quanto instituições. Por vezes povos inteiros. Pode ser que, frustradas as possibilidades de realização prática na política e na religião, ele se refugie no lar. Muitos pais ou mães tiranos são fundamentalistas desiludidos.

A melhor definição de fundamentalismo que encontrei é a de um filósofo polonês, Leszek Kołakowski, no seu ensaio "Em louvor à inconsistência".

> Falo de consistência em apenas um sentido, limitado à correspondência entre o comportamento e o pensamento... Assim, considero como consistente um homem que, possuindo um certo número de conceitos gerais e absolutos, esforça-se honestamente em tudo o que faz, em todas as suas opiniões sobre o que deve ser feito, para manter-se na maior concordância possível com aqueles conceitos.
> Por que deveria qualquer pessoa, inflexivelmente convencida da verdade exclusiva dos seus conceitos relativos a qualquer e a todas as questões, estar pronta a tolerar ideias opostas? Que bem pode ela esperar de uma situação em que cada um é livre para expressar opiniões que, segundo seu julgamento, são patentemente falsas e portanto prejudiciais à sociedade? Por que direito deveria ela abster-se de usar quaisquer meios para atingir o alvo que julga correto? Em outras palavras: consistência total equivale, na prática, ao fanatismo, enquanto a inconsistência é a fonte da tolerância...

Eu nunca tive poder. Portanto, meu fundamentalismo nunca se manifestou como crueldade. Mas quando o fundamentalista não tem poder para realizar a intenção de crueldade, a crueldade se transmuta em chatice. A chatice do fundamentalista fracassado é a sua forma de torturar. Ele é chato por se considerar certo e todos os outros errados. Ele é chato por não ouvir o que os outros têm a dizer e querer que todos se calem para ouvir o que ele tem a dizer. É uma "palmatória do mundo".

Iniciou-se então na minha vida um período de cerca de quatro anos de que me envergonho. Fiquei um chato sem saber que era chato. Porque essa é uma das características do chato: ele não percebe que é chato... Referindo-se ao Chico, sua mãe disse que ele "ficou muito besta". Em outras palavras, ele ficou muito chato...

Não fui para o seminário para aprender coisas diferentes das que eu já sabia. Fui para o seminário para que as certezas que eu já tinha ficassem mais certezas do que já eram. Primeiro crer, depois pensar. Santo Anselmo já enunciara tal programa muitos séculos antes numa curta frase: "*Fides quaerens intellectuam*", a fé em busca de entendimento. As certezas eu já tinha. A questão, agora, era assentar-me sobre a sua solidez.

Os pressupostos que animavam aquela escola eram simples. Primeiro: a missão da Igreja nada tem a ver com este mundo. Jesus mesmo declarou: "Meu reino não é deste mundo". Tudo que está no tempo é provação e tentação. A Igreja existe para salvar almas. A Igreja tem seus pés na eternidade.

Segundo: todos os saberes necessários à salvação das almas estão escritos num livro que o próprio Deus ditou, palavra a palavra, a alguns homens santos. Esse livro, a Bíblia, são as palavras de Deus.

Terceiro: havendo Deus ditado todas as palavras que se encontram naquele livro, todas elas são verdadeiras e delas não se pode duvidar. Crer em tudo o que está escrito sem duvidar é essencial à salvação da alma. Assim, a salvação da alma depende de uma adesão intelectual a um texto. O essencial não é o amor.

O amor não é raiz. É fruto. Separado da raiz, o fruto apodrece. Muitos homens cheios de amor irão para o Inferno por lhes faltar a adesão intelectual às palavras ditadas por Deus. Tal é, por exemplo, a situação de Albert Schweitzer, intérprete de Bach, que dedicou sua vida inteira a servir como médico na aldeia de Lambarene, perdida no interior da África. Lembro-me de que, certa vez, um pregador mais liberal, mais movido pela emoção que pela razão, citou Schweitzer como exemplo de bondade. Um pastor ortodoxo que se encontrava na congregação, compelido pela força das suas certezas, levantou-se acintosamente e se retirou, em sinal de protesto... Era o espírito da Inquisição católica travestido de protestante. A Inquisição não se preocupava com ladrões e assassinos. Dedicava-se a caçar os hereges, pessoas que tinham pensamentos diferentes. Porque tais pessoas ameaçavam as colunas do universo. Os ladrões e assassinos só faziam urinar atrás das colunas, coisa que o confessionário resolveria com facilidade.

O mais seguro é não ter pensamentos próprios, não aprovados pela tradição. Para evitar esse perigo, os pedagogos das igrejas católica e protestantes se dedicaram a domesticar o pensamento por meio de catecismos que são textos em que se encontram catalogadas todas as perguntas que devem ser feitas e todas as respostas que devem ser dadas. Um catecismo não é para ser pensado. É para ser memorizado, repetido e crido. A "Casa de Profetas" era a casa onde se ensinavam e se aprendiam as repetições.

A teologia cristã é um edifício construído sobre o absurdo. Tertuliano (155-220), no seu tratado *De carne Christi*, afirmou que a essência da fé é crer no absurdo: "*Credo quia absurdum*", creio porque é absurdo. Quanto maior o absurdo, maior a fé.

Meu amigo Carlos Rodrigues Brandão contou-me um delicioso incidente. Estava na Espanha e conversava com um homem de fé profunda e simples que lhe descrevia um milagre. O santo havia sido decapitado. Sua cabeça estava no chão. Então ele se abaixou, tomou sua própria cabeça e a beijou. O Brandão achou a cena absurda e não conseguiu imaginar um homem sem cabeça beijando a própria cabeça. Porque um beijo se dá com a boca, que é uma parte da cabeça. Se o dito santo só tinha o pescoço, que não tem boca, como poderia beijar? Expôs a sua dúvida ao piedoso senhor que fizera a narrativa. O homem o contemplou, incrédulo diante de tamanha estupidez e explicou:

"*Pero, señor, en esto está el milagro...*"

Os eventos relatados na Bíblia aconteceram no tempo e no espaço. Não são estórias nem alegorias. A Bíblia há de ser lida com o mesmo espírito com que os jornais são lidos. Ao ler um jornal, eu me sinto diante de fatos acontecidos. Não qualquer fato acontecido. Os fatos que são novidades. Como dizem os de fala inglesa, *newspapers*, papéis onde as novidades estão registradas. A diferença é que a Bíblia é um *oldspaper*, um livro onde estão registrados acontecimentos muito antigos. Deus falou há muitos séculos.

A revelação aconteceu no passado. Não acontece mais, porque Deus disse tudo o que tinha para dizer no passado. Essa é a razão pela qual o conjunto de livros inspirados chamado "cânon" está terminado.

A piedade consiste em acreditar antes de ler. Ler "a fim de" acreditar é impiedade porque subordina o "acreditar" ao julgamento que vem da leitura. Assim, ao leitor está interditado julgar o texto. A leitura piedosa acredita antes de ler.

É tolice passear pela literatura teológica, tanto velha quanto nova. O que importa é memorizar os resultados já codificados e aceitos como ortodoxos.

Li em algum lugar uma estória sobre um tribunal islâmico que julgava um homem que escrevera um livro. O juiz deu a sua sentença: "Só há duas possibilidades: ou esse livro diz o que está no Corão, ou não diz o que está no Corão. Se diz o que está no Corão, ele é redundante e nada mais faz do que repetir o que já está escrito. É, portanto, supérfluo e deve ser queimado. Ao contrário, se ele diz o que não está no Corão, ele só contém mentiras e deve ser queimado".

Deus criou o universo em seis dias, num tempo em que o Sol ainda não existia para marcar os dias.

Deus foi pessoalmente comer um churrasco de ovelha a convite de Abel, o carnívoro, desprezando a refeição de frutos da terra que Caim, o vegetariano, lhe preparara.

Houve um dilúvio universal que cobriu toda a Terra e matou todos os seres que respiravam. Sobreviveram os únicos seres humanos que permaneciam justos, a família de Noé, e os bichos, que são sempre puros: leões, tigres, elefantes, rinocerontes, búfalos, girafas, hienas, gazelas, cães, gatos, ratos, coelhos, macacos, cobras, centenas de todos os tipos, antas, capivaras, cotias, gambás, raposas... Tratava-se, evidentemente, de um navio extraordinariamente grande para conter e manter tão vasta população de seres respirantes.

Uma menininha se deu conta do absurdo e se assombrou diante desse evento espantoso. E, como não houvesse aprendido a máxima de Tertuliano, fez a pergunta que a razão faria: "Os leões, tigres e onças não comeram os cabritinhos e os coelhinhos?". Se os leões, tigres e onças continuassem carnívoros seria necessário concluir que acabariam por comer os cabritinhos e coelhinhos, frustrando, dessa forma, a função da arca, que era, precisamente, a de garantir a sobrevivência de todas as espécies. Mas logo a perplexidade da menina foi resolvida por uma mente teológica que acreditava porque era absurdo: "Deus suspendeu provisoriamente a ferocidade dos felinos que, durante os 120 dias em que a arca flutuou sobre as águas, só comeram capim ao lado dos bois". Mas a menininha continuou curiosa: "Se Deus suspendeu a ferocidade dos felinos provisoriamente, custava a ele tê-la suspendido definitivamente? Os carneirinhos e os coelhinhos ficariam tão contentes...".

A mulher de Ló, curiosa, foi transformada numa estátua de sal ao olhar para trás para ver as cidades de Sodoma e Gomorra ardendo sob uma chuva de napalm que o irado Criador despejara sobre elas. Josué fez o Sol parar no meio do céu até terminar uma batalha e derrubou as muralhas que cercavam Jericó apenas com o som de trombetas.

Balaão era um homem que possuía uma besta, animal de montaria. Deus ordenou que ele fosse numa direção. Ele resolveu ir na direção contrária. Montou na besta, mas ela, ao invés de obedecer o cavaleiro, virou seu focinho para trás e passou-lhe uma reprimenda, possivelmente em hebraico.

O profeta Eliseu, para castigar um bando de 42 crianças que riram de sua calva, invocou o poder de Deus que fez sair do mato duas ursas que mataram e comeram as 42 crianças.

Jonas foi engolido por um peixe e passou três dias no seu ventre, ocasião em que, a despeito da escuridão e de não ter consigo lápis e papel, escreveu um belíssimo poema.

Sansão derrotou um exército inteiro de filisteus aguerridos armados com lanças e espadas usando como arma apenas uma caveira de burro.

Aula de teologia... O professor fazia sempre e de forma obsessiva a mesma coisa: assentava-se, tirava os óculos e colocava suas lentes dentro da boca aberta e bafejava, para então enxugá-las com um lenço. Fazia isso repetidamente enquanto comentava textos bíblicos. Como se essa liturgia ocular fosse necessária para o desenvolvimento do pensar. Não me lembro de ele jamais ter invocado algum texto que a tradição definiu como clássico. Era como acontecia nas escolas dominicais das pequenas igrejas. O seminário era uma escola dominical que durava cinco anos.

Não era necessário investigar a tradição. O que o professor sabia era o suficiente. O objetivo do ensino não era ensinar a pensar, mas formar pastores fiéis que cuidassem que suas ovelhas não fossem perturbadas por ideias estranhas. Tudo, menos pensar. O crente ideal é aquele que não faz perguntas por já possuir as respostas.

A certeza era uma virtude. Certeza é a aderência total do intelecto aos dogmas da fé. É uma condição intelectual em que não há vãos entre os pensamentos. Por isso o ato de pensar era desencorajado. A atividade intelectual é um processo de repetições das coisas já sabidas sem dúvidas. A dúvida é um perigoso sinal de uma fé vacilante. O objetivo de um sermão não é fazer pensar, mas confirmar. Após o culto, à porta da igreja, o pastor cumprimenta os fiéis que lhe dizem: "Muito bom sermão, reverendo...". Que traduzido quer dizer: "O seu sermão confirmou e deu maior certeza ao que eu já sabia...".

Foi passar um ano numa faculdade de teologia da França. Por ocasião da sua volta, nós, alunos, estávamos ansiosos para saber das novidades no mundo teológico europeu. Mas parece que as novidades teológicas não o impressionaram. Ficou impressionado com outras coisa. Gastou tempo para nos explicar como é que os alemães pronunciavam o "ch" gutural como em "nicht" e "nacht".

Disse-nos que o protestantismo europeu e o nosso eram muito diferentes. E essa diferença fundamental se revelava no fato de que nós, protestantes brasileiros, sabíamos que dançar era pecado, liturgia libidinosa que imita os movimentos do ato sexual. Mas a faculdade de teologia francesa era conivente com o pecado e patrocinava bailes do qual participavam não só os alunos como também os professores.

Relatou-nos uma visita que um grupo de pastores brasileiros fez a Karl Barth, o mais famoso teólogo daquela época. Barth, num ato de cortesia, abriu sua caixa de charutos e ofereceu aos visitantes. Eles estremeceram. Um deles, num tom de reprovação, observou secamente, para marcar a diferença: "Nós, protestantes do Brasil, não fumamos...". Barth sorriu, tirou um dos charutos da caixa, acendeu-o, soltou algumas baforadas e comentou: "Não importa... O céu é tão grande que até pessoas que não fumam entram nele...".

Livros, milhares de livros, adormecidos na biblioteca sem que ninguém jamais perturbasse o seu sono. Havia no ar um cheiro de desinfetante, cheiro de coisa morta. Caso se fizesse silêncio bastante era possível ouvir o seu delicado ressonar.

Lá dormiam as obras completas de Lutero e as *Institutas*, de Calvino. Ninguém, jamais, ousara acordá-las.

O ensino não carecia de livros. Bastavam os "burrinhos", apelido que os alunos deram às apostilas, inspirados na parábola do Bom Samaritano em que o homem ferido foi conduzido a uma hospedaria montado num burro.

O burrinho de Teologia de Novo Testamento tinha doze páginas mimeografadas. Era tudo o que o professor tinha para falar sobre o assunto em todo um semestre. Num ímpeto de criatividade e como protesto contra minha condição de papagaio, coloquei numa prova dois exemplos diferentes daqueles que o professor colocara no burrinho. Por essa ousadia, perdi dois pontos. O professor me informou que eu deveria ter repetido o que estava escrito no burrinho. O que se esperava de mim não era ousadia intelectual, mas uma memória pacificada.

A propósito de um professor preguiçoso, cujo caderno com os esboços de aula já dava evidentes demonstrações de desgaste, os alunos compuseram uma música que tinha como refrão esse verso: "E o caderno do Goulart ainda tem y em presbitério...".

Lá vinha ele com os cadarços dos seus sapatos sempre desamarrados, o que me afligia pela possibilidade de uma queda... Enfatizava com eloquência a necessidade de se ler a Bíblia inteira, do princípio ao fim, até mesmo as enfadonhas genealogias, listas de nomes que não se sabe quem foram.

> Husim gerou a Abitude e a Elpaal. Os filhos de Elpaal foram: Héber, Misã e Semede; este edificou a Ono e a Lode e suas aldeias. Berias e Sema foram cabeças das famílias dos moradores de Aijalom, que afugentaram os moradores de Gate. Haio, Sasaque, Jeromote, Zebadias, Arade, Éder, Mical, Ispa e Joá foram filhos de Berias. Zabadias, Mesulão, Hizqui, Héber, Ismeral, Izlias e Jobabe, filhos de Elpaal, Joaquim, Zicri, Zabdi, Elienai, Ziletai, Eliel, Adaís, Beraías e Sinrate, filhos de Simel. (I Crônicas 8:1-18)

Argumentava: "Se as genealogias estão no Livro Sagrado é porque Deus quis que fossem escritas – mais do que isso, porque

Deus as ditou pessoalmente. E se Deus as ditou têm de ser lidas reverentemente".

Passava, então, a demonstrar o poder salvífico das genealogias. Houve um homem incrédulo, dizia ele, que, para desacreditar a Bíblia, pôs-se a zombar das genealogias alegando que não faziam sentido. Mas nas genealogias há uma frase que aparece de tempos em tempos. Depois de nomear uma pessoa e os seus descendentes, o escritor sagrado termina o capítulo com a expressão "e morreu". Lendo os sucessivos "e morreu", o zombador foi subitamente possuído pela certeza de que ele também morreria. Aterrorizado pela morte, converteu-se... Para isso se leem as Escrituras Sagradas: para que se fique aterrorizado com a perspectiva da morte e por isso se converter.

Além do mais, ele continuava o seu argumento, o que separa os crentes dos católicos idólatras é o fato de que os crentes leem a Bíblia, e os católicos, não. E é por isso que eles são idólatras... "Como poderá um crente dizer que leu a Bíblia toda se ele pulou as genealogias? Isso seria uma mentira. E os crentes não mentem..."

Havia um professor que era um exemplo de justeza. Estabelecera rígidas regras de comportamento para si mesmo e as obedecia de forma inflexível. A vantagem de regras fixas para o comportamento... Elas nos liberam do peso de tomar decisões. Estabelecidas as regras, as decisões já estão tomadas.

Era um filólogo e tinha ortografia própria, de acordo com as origens gregas ou latinas das palavras, o que lhe permitia discriminar entre "eschatologia" e "escatologia", a primeira sendo a "teoria das últimas coisas" e a segunda "a teoria dos excrementos".

Suas regras não tinham brechas. Professor de duas disciplinas fundamentais, grego e filosofia, iniciava todas as suas aulas com uma pequena prova de dez minutos sobre a aula anterior. Nunca houve o caso de ele não trazer as provas corrigidas na aula seguinte.

Numa prova final de grego de mais de vinte páginas, tirei 9,97 por haver trocado um acento agudo por um grave. Aquele acento valia 0,03.

Para os exames finais, ele preparava vinte provas que cobriam toda a matéria do ano. Essas provas nos eram entregues com dois meses de antecedência. Uma delas seria sorteada no dia fatídico. Eram gigantescas, cada uma delas com um número enorme de questões. Numa das provas havia uma questão que pedia que escrevêssemos em ordem cronológica o nome de dezenas de filósofos gregos (os seus nomes haviam sido mencionados em classe). Para auxiliar a memorização daqueles nomes, um colega se deu ao trabalho de transformá-los em letra de uma marchinha. Assim nos preparávamos para a prova final: cantando os nomes de filósofos gregos.

Mas havia também os exames orais, no mesmo sistema. Um dos colegas, não notável por sua aplicação aos estudos, teve o azar de sortear o ponto maldito que continha a pergunta sobre os tais filósofos. O professor lhe fez então a terrível pergunta. Ele coçou a cabeça, fungou, limpou o nariz e falou: "Professor, eu me lembro bem da música. Mas me esqueci completamente da letra...".

Aquelas provas diárias, ao final do ano ultrapassavam oitenta. E as notas eram dadas até os centésimos: 7,85, 8,63. A nota para passar de ano era 7,00. Aconteceu, entretanto, que um colega foi arrebatado por uma paixão incontrolável que o desviou das suas responsabilidades acadêmicas. Vagabundeou para amar. Resultado: ao final do ano, sua média foi 6,99. Reprovado por um centésimo! Qualquer professor transformaria o 6,99 em 7,00. Mas não aquele. Ele era justo. Segundo suas regras, um centésimo é um centésimo. Existe. Não pode ser escamoteado. O dito aluno resolveu apelar para o coração do professor. Que lhe desse o centésimo que faltava... Mas o coração não fala para quem vive pelas regras. "Eu nada dou e nada tiro", disse o professor. "Eu só verifico a nota que você realmente tirou. E lhe falta um centésimo. Eu não posso dar algo que você não tem. Eu não o reprovei. Você se reprovou..."

Mas o reprovado insistia, implorava, suplicava... Depois de uma longa conversa, o professor encontrou uma solução, não movido pelo coração, mas por uma possibilidade lógica. "Você guardou todas as suas provas?", ele perguntou. "Guardei sim", respondeu o aluno. "Então me traga todas elas. Aquelas contas que faço para obter as notas e que vão até os centésimos eu vou refazer com aproximação até os décimos de milésimos. Se a soma dos décimos de milésimos e dos milésimos der o centésimo que lhe falta, você estará aprovado..."

Depois do longo trabalho do professor de refazer todas as contas a fim de não quebrar as regras, o aluno foi aprovado com 7,002.

Meditando sobre meus dias de seminário, tive, repentinamente, um sentimento de gratidão para com meus professores medíocres. Eles me ensinaram a pensar. Acho que meu jeito de pensar se deve mais a eles que aos mestres que admirei. O sentimento de admiração tem a ver com "concordância". O mestre me faz feliz. Descanso no seu pensamento. É uma relação amorosa. Ele não me convida à luta. Os professores medíocres, ao contrário, provocaram em mim sono, preguiça, sentimentos de raiva, de absurdo que, mesmo que eu não fosse capaz de expressá-los com clareza, me transformaram num batalhador. Meus professores medíocres provocaram um guerreiro que havia em mim. A raiva era de dois tipos: indignação pelos seus pensamentos e desprezo pelo seu ser. Aquele ser à minha frente me era desprezível.

Orava-se o dia inteiro, por tudo; antes do café da manhã, no culto matutino, no início de cada aula, antes do almoço, antes do jantar, antes das partidas de futebol. O que não impedia que as aulas fossem medíocres e que as partidas de futebol degenerassem em pancadaria.

Só há uma explicação para a multiplicidade de orações: as orações, com certeza, tinham um curto período de validade, havendo necessidade de renovação. Ou talvez porque Deus tivesse a memória fraca, sendo necessário que ela fosse reativada a intervalos regulares.

Um aluno, no passado, ganhara a vida como carroceiro e era dotado do dom da eloquência oca. Mas as pessoas ficam hipnotizadas pela eloquência e a confundem com unção divina. Dotado de tão extraordinário dom divino, o conselho da congregação que ele frequentava achou por bem enviá-lo para o seminário para preparar-se para o ministério sagrado.

Desprovido de parâmetros para julgar sua vida intelectual – ele dizia que o importante era impressionar bem –, elegeu como seu ideal acadêmico não faltar a nenhuma aula. Aconteceu, entretanto, que ele faltou à aula das duas da tarde. Adeus, ideal acadêmico! O espanto foi geral. A classe inteira se dirigiu para o seu quarto para abraçá-lo por aquele gesto que requerera grande coragem: "matar" uma aula chata, que merecia ser morta, sem dúvida nenhuma. Ele estava de cuecas, engraxando os sapatos. Não disse uma palavra. Ficou pálido. Faltara à aula não por decisão, mas por esquecimento. Lá se ia por água abaixo o seu ideal de frequência plena... Vestiu-se às pressas e correu para cercar o professor que já estava indo embora, para implorar-lhe que lhe repetisse a aula. Não que a aula lhe interessasse. O que lhe interessava eram as cadernetas de chamada nas quais, à frente do seu nome, só haveria presenças. O professor, comovido com tal demonstração de amor e respeito por sua sabedoria, voltou para o seminário e repetiu a aula. Esse aluno se formou com 100% de frequência e ganhou, como distinção acadêmica, uma bolsa de estudos para um seminário nos Estados Unidos.

Aquele aluno correndo atrás do professor para implorar que este lhe repetisse a aula, o atendimento de sua súplica e o prêmio que o seminário lhe concedeu, elegendo-o como símbolo de excelência acadêmica, me provocou nojo. De repente, dei-me conta dos valores que eram importantes para os professores. A subserviência era mais importante que a inteligência. Definitivamente, eu não tinha nada a ver com aquele mundo. Heróis não são subservientes.

O corpo é um albergue onde moram muitas versões de mim mesmo. Esses eus se alternam no palco, ora um, ora outro. Muito antes de ter aprendido isso da psicanálise, quem me ensinou foi um demônio que se hospedara no corpo de um pobre coitado. Jesus se prontificou a expulsar o inquilino indesejável. Mas, para isso, é preciso que se saiba o seu nome. Jesus então lhe perguntou: "Qual é o teu nome?". Com uma risadinha sacana, ele respondeu: "Meu nome é legião, porque somos muitos...".

Em mim moram muitos Rubens diferentes. De uns eu gosto, de outros, não. Entre os que gosto está um palhaço. O Palhaço ri da pantomima que é a vida e o seu riso faz derreter os ídolos.

Quando o Palhaço entra no palco é sinal de que um hóspede chamado Inquisidor foi despedido. O Inquisidor é sério. Não suporta o riso. Com o Palhaço vão-se as certezas porque, para o Palhaço, tudo pode ser isso ou aquilo...

O Palhaço começou a rir... Aí tudo me pareceu ridículo. Sem os meus ídolos, comecei a ter depressões. E, quando estava deprimido, não queria conversa com ninguém. Se falasse sobre minha depressão, logo me diriam que meu problema era espiritual, que as minhas relações com Deus estavam estragadas, quem está bem com Deus não fica deprimido, e aconselhavam-me a orar mais. Eu me refugiava numa mata de eucaliptos que havia nos fundos do terreno do seminário. Me deitava no chão e lá ficava um tempão sentindo o cheiro bom das árvores e ouvindo a música das suas folhas.

Mas, entre os absurdos, houve um que não me fez rir. O que senti foi horror. Era uma doutrina chamada dupla predestinação, que os teólogos chamavam de "doutrina consoladora".

Essa doutrina não se encontra na Bíblia. Foram os teólogos que a deduziram por meio da lógica, como num silogismo.

Primeira premissa, universal: Deus é onipotente. Se ele é onipotente, segue-se que todas as coisas acontecem pelo exercício do seu poder. Nem mesmo um fio de cabelo de nossa cabeça cai sem que tenha sido determinado por Deus.

Comentário: Se houvesse uma única coisa que acontecesse sem ter sido ordenada por Deus seguir-se-ia que esse "acontecer" aconteceu sem que Deus tivesse exercido o seu poder. A conclusão lógica, então, seria que "Deus não é onipotente". E, se não é onipotente, não é Deus. O que é absurdo.

Premissa menor: há pessoas que vão para o Céu e outras que vão para o Inferno.

Comentário: Imaginemos que "ir para o Céu" e "ir para o Inferno" resultem do exercício da vontade dos homens, o chamado "livre-arbítrio". Se isso for verdade, segue-se então que o "ir para o Céu" e o "ir para o Inferno" estão fora do campo da onipotência divina. Não é a onipotência divina que determina. É a decisão dos homens. Segue-se, logicamente, que Deus não é onipotente, o que é absurdo.

Conclusão: se há pessoas que vão para o Céu e pessoas que vão para o Inferno é porque Deus, no exercício da sua onipotência, assim determinou desde toda a eternidade. Nada há que os homens possam fazer para alterar o seu destino.

Minha reação ao ouvir pela primeira vez o enunciado dessa "consoladora doutrina" foi de fúria. Odiei Deus. Um Deus assim cruel e arbitrário era pior que o Demônio. Mas o que me espantou foi que meus colegas não se sentiram ofendidos por tal doutrina. Como se a revelação da crueldade de Deus não lhes importasse. E, de fato, não fazia diferença. Porque eles não estavam no seminário para pensar, mas para se candidatar ao cargo de pastor numa igreja. Essa doutrina presbiteriana entrou-me no cérebro e no coração como um espinho. Num universo onde o que acontece foi predeterminado pelo poder de Deus, tudo é farsa. Todas as batalhas são farsas. Os heróis também são farsas. Nada está em jogo. Tudo já está decidido. Segue-se, logicamente, que os heróis são marionetes.

Era um fim de tarde. Eu caminhava pelo gramado pensando em nada.

De repente, uma pergunta que eu nunca fizera se fez: "Esses livros todos que compõem a Bíblia, o Pentateuco, os profetas, os evangelhos, as cartas de Paulo, quem foi que os ajuntou para que formassem um só livro, a Bíblia? E de onde surgiu a ideia de que eles foram ditados por Deus sendo, portanto, literalmente verdadeiros em tudo o que afirmam?". A resposta me veio naturalmente, *pelo que eu sabia sobre a história da Igreja*: "Foi um concílio formado por clérigos que declarou que esses, e não outros, eram os livros sagrados".

Percebi então que tudo o que a tradição dizia sobre a Bíblia fora dito por um bando de homens comuns, um concílio em tudo parecido com os concílios que eu conhecia. Eles disseram e repetiram; tudo o que é repetido passa a ser verdade, as pessoas acreditaram, eu acreditei. E eu sabia como as decisões dos concílios são tomadas. Elas seguem as regras da política. Poder. Politicagem. Até na escolha do papa. Se o conclave fosse movido pelo Espírito Santo, não haveria necessidade de mais de uma votação...

De repente, eu estava flutuando no ar, sem um ponto firme onde me agarrar. Sem ter onde me agarrar, o jeito foi aprender a voar... Tratei de bater minhas asas.

Como a aranha... A aranha tem de construir uma teia com fios que ela tira de dentro de si mesma. E assim vive, pendurada sobre o abismo. Eu teria que construir minha teia com fios que haveria de tirar de dentro de mim mesmo. Mais precisamente, de dentro do meu coração.

Kierkegaard dera a isso o nome de "salto da fé". Para os católicos, fé é acreditar em algo absurdo que uma autoridade declarou ser a verdade. A fé católica é um abandono da razão, um entregar-se a uma autoridade que se proclama depositária de uma verdade que Deus lhe deu. Por não suportar a dúvida, a inteligência católica troca a liberdade de pensar pela certeza. Por que esse suicídio da inteligência? Porque a certeza é tranquilizante.

Para o filósofo dinamarquês protestante, entretanto, a fé são asas que crescem no corpo e o fazem voar sobre o abismo na direção de um objeto fascinante que pode, muito bem, ser nada mais que uma miragem. Aí se encontram as raízes do existencialismo.

A imagem que me vem é a do voador de asa delta. Naquele momento fantástico, ele corre na direção do abismo, com um salto e não terá mais onde se apoiar. Ele salta, despede-se da rocha e voa...

Vou recontar um conto de Gabriel Garcia Marques, o mais fantástico dentre todos os que li: "O afogado mais bonito do mundo".

Era uma vila, uma vila de pescadores, perdida num fim de mundo, o tédio misturado com ar, cada novo dia já nascendo velho, igual a todos os outros, as mesmas palavras ocas, os mesmos gestos vazios, os mesmos corpos opacos, a excitação do amor sendo algo de que ninguém mais se lembrava... Aconteceu que, num dia como todos os outros, um menino viu uma forma estranha flutuando longe no mar. E ele gritou. Todos correram. Num lugar como aquele, até uma forma estranha é motivo de festa. E ali ficaram na praia, olhando, esperando. Até que o mar, sem pressa, trouxe a coisa e a colocou na areia, para o desapontamento de todos: era um homem morto. Todos os homens mortos são parecidos porque há apenas uma coisa a se fazer com eles: enterrar. E naquela vila o costume era que as mulheres preparassem os mortos para o sepultamento. Assim, carregaram o cadáver para uma casa, as mulheres dentro, os homens fora. E o silêncio era grande enquanto o limpavam das algas e liquens, mortalhas verdes do mar. Mas, repentinamente, uma voz quebrou o silêncio. Uma mulher balbuciou:

"Se ele tivesse vivido entre nós, ele teria de curvar a cabeça sempre que entrasse em nossas casas. Ele é muito alto...". Todas as mulheres, sérias e silenciosas, fizeram sim com a cabeça. E de novo o silêncio foi profundo, até que uma outra voz foi ouvida. Outra mulher... "Fico pensando em como teria sido a sua voz... Como o sussurro da brisa? Como o trovão das ondas? Será que ele conhecia aquela palavra secreta que, quando pronunciada, faz com que uma mulher apanhe uma flor e a coloque no cabelo?" E elas sorriram e olharam umas para as outras. De novo o silêncio. E, de novo, a voz de outra mulher... "Essas mãos... Como são grandes! Que será que fizeram? Brincaram com crianças? Navegaram mares? Travaram batalhas? Construíram casas? Essas mãos: será que elas sabiam deslizar sobre o rosto de uma mulher, será que elas sabiam abraçar e acariciar o seu corpo?" Aí todas elas riram que riram, suas faces vermelhas, e se surpreenderam ao perceber que o enterro estava se transformando numa ressurreição: um movimento nas suas carnes, sonhos esquecidos, que pensavam mortos, retornavam, cinzas virando fogo, desejos proibidos aparecendo na superfície de sua pele, os corpos vivos de novo e os rostos opacos brilhando com a luz da alegria. Os maridos, de fora, observavam o que estava acontecendo com as mulheres e ficaram com ciúmes do afogado ao perceberem que ele tinha um poder que eles mesmos não tinham mais. E pensaram nos sonhos que nunca haviam tido, nos poemas que nunca haviam escrito, nos mares que nunca tinham navegado, nas mulheres que nunca haviam desejado. A estória termina dizendo que finalmente enterraram o morto. Mas a aldeia nunca mais foi a mesma...

Pois aconteceu coisa parecida naquela aldeiola que era o seminário. Deu nas suas praias um "afogado". Não era bem um afogado.

O fato é que ele apareceu de repente, sem ser convidado. Era um intruso e ninguém imaginava a confusão que ele iria fazer na aldeia. Seu nome era Richard Shaull. Fora missionário na Colômbia, mas tanto fez que a hierarquia católica exigiu que o governo o expulsasse.

Como de cavalo dado não se olham os dentes, ele foi aceito como professor do seminário. Seria um professor a mais, igual a muitos que haviam vindo antes dele.

Não sabiam que ele era diferente. Se soubessem, não o teriam aceito. No seminário, todo mundo olhava para os céus, moradia de Deus, dos anjos e dos salvos. Ele não tinha o menor interesse pelos céus. Nunca o ouvi falar sobre qualquer coisa que sugerisse preocupação com a salvação das almas. Deus já havia tomado as providências devidas quanto a esse assunto. O que o fascinava era a terra.

Certa vez, participamos de um encontro numa igreja belíssima que nos encantou. Uma das razões para o encantamento era que os templos protestantes eram de um mau gosto atroz. Mas aquela igreja fugia da regra. Sua parede de fundo era toda de vidro, abrindo-se para um bosque de pinheiros. Mas o nosso entusiasmo durou pouco. Ele comentou: "Essa igreja se abre para as belezas da natureza. Mas o calvinismo se abre para os problemas do mundo!".

O que ele desejava era mudar o mundo. Era um revolucionário.

A diferença entre um revolucionário e um conservador é simples. O conservador pinta a casa em ruínas com cores alegres para dar a impressão de que é casa nova. O revolucionário quer derrubar a casa em ruínas para construir uma outra.

Ele era assim. A todo tempo nos aplicava *koans*, virava nossos pensamentos de pernas para o ar.

Ressuscitou os sepultados na biblioteca. Abriu portas e janelas. Indicou horizontes. Falava coisas que ninguém jamais ouvira. Fez-nos ler as cartas de Dietrich Bonhoeffer. Bonhoeffer fora um pastor protestante que participara de um fracassado complô para assassinar Hitler. Durante os meses que passou na prisão, escreveu cartas com ideias insólitas. Sonhou com um cristianismo que não era religião e deu-se conta de que, no meio das atrocidades dos campos de concentração, era muito difícil acreditar no Deus onipotente da teologia. Se Deus é onipotente, por que nada faz para impedir o triunfo do mal? Esse Deus não pode ser perdoado. Só é possível amar Deus se ele não for o Deus onipotente dos teólogos. Como se, diante do horror do mal, ele nos dissesse: "Por favor, perdoem-me. Sou fraco. Não tenho poder para tanto...".

Na França acontecia o movimento dos padres operários, que deixavam suas paróquias para trabalhar nas fábricas. Pensavam que para falar com os operários era preciso viver ao seu lado. Inspirado nessa experiência, Shaull organizou projeto semelhante em fábricas na Vila Anastácio, em São Paulo.

Com um pequeno grupo de conspiradores, deu início aos primeiros encontros ecumênicos de que tenho notícia. Isso, muitos anos antes que essa palavra aparecesse ligada ao Concílio do Vaticano II. Saíamos de Campinas secretamente ao entardecer para nos encontrarmos com os dominicanos do convento da rua Caiubi. Ninguém poderia saber. Ai de nós se fôssemos descobertos! Seríamos expulsos como traidores da nossa missão, que era a de destruir os católicos idólatras e papistas.

O conto do Gabriel Garcia Marques termina afirmando que a aldeia nunca mais foi a mesma.

Mas eu gosto de inventar fins diferentes para as estórias. Para esse conto, o fim diferente seria assim: "Os maridos, do lado de fora, vendo que o afogado morto fazia com o corpo das suas mulheres coisas que eles, vivos, não conseguiam fazer, encheram-se de ciúme e ira, agarraram o cadáver, colocaram-no num barco e, aproveitando-se do vento, soltaram-no no mar que o havia dado, para nunca mais voltar. E a aldeia voltou a ser aquilo que sempre tinha sido".

Os velhos professores perceberam que aquele americano havia feito conosco em pouco mais de três anos aquilo que eles não tinham conseguido fazer durante uma vida inteira. Roídos de inveja e ciúme, livraram-se dele com a acusação de heresia e comunismo.

O Dick Shaull se foi. Mas as estrelas que ele mostrou continuaram a brilhar. E nunca mais voltamos a ser o que éramos.

E foi assim, sem certezas, sem promessas de Céu ou ameaças de Inferno que fui para Minas para pastorear a igreja presbiteriana na cidade de Lavras.

PASTORADO

Eu estava feliz. Amava aquela cidade desde meus tempos de menino. Era como se estivesse voltando à minha infância. Lá estava o sobradão do meu avô, com restos de senzala, portas e janelas com vidros coloridos importados, um jardim com camélias, cravos e jasmins-do-imperador que, nas palavras de Guimarães Rosa, dentre todas as flores é a mais querida, com seu perfume aveludado de pêssego.

O sobrado era tão grande, tão cheio de quartos, corredores escuros e pátios, que nos seus espaços eu era um menino livre. Os olhos dos adultos não me viam. Olhos de adultos são olhos de quem vigia, estragam a alegria de qualquer criança.

Eu acordava muito cedo, todo mundo dormindo. O único som que se ouvia era o tiquetaque lento do carrilhão pendurado na sala. Sem fazer barulho para que ninguém acordasse – se um adulto acordasse, ele me mandaria de volta para a cama –, vestia-me, caminhava leve pelo corredor que saía da cozinha, atravessava a sala de jantar com oito janelas voltadas para o poente, entrava pelo segundo corredor que terminava na porta da sala de visitas, descia os dois lances de escadas, chegava ao corredor do térreo, caminhava até a porta de duas grossas bandeiras, levantava a aldraba de ferro, e eu era um menino livre...

Só umas poucas pessoas estavam na rua. Eu ia para o jardim e me assentava para ouvir o canto dos pássaros-pretos. Depois caminhava pelas ruas desertas e sentia os cheiros que havia por detrás dos muros de adobe. Havia cheiros doces de flores e ervas e cheiros de coisas velhas, mofos e musgos.

Em Lavras, eu estava retornando a um lugar onde fora feliz na minha infância. Eu estava tão feliz que imaginei que iria passar ali o resto da minha vida. Eu seria pastor de uma igreja...

Estou ouvindo o coral de Bach "Mansamente pastam as ovelhas". É um dos corais que mais amo. Os sons despertam as imagens. Surge um cenário: o pasto verde, o céu azul, as ovelhas brancas, a brisa e, assentado à beira de uma árvore, um homem. Ele nada faz. Apenas contempla as ovelhas. Tudo diz tranquilidade.

E o coral vai repetindo monotonamente um tema sobre o qual se apoia uma melodia. Mais que a melodia, o que me comove é o tema monótono. A monotonia diz que tudo está em paz. A monotonia é tranquilizante.

Jogado ao chão, ao lado do pastor, está um cajado. Cajado é arma. Pode haver lobos nas redondezas. O cajado é necessário para garantir a mansidão do cenário. Se for necessário, o pastor saberá usá-lo. Mas agora os lobos estão longe. O pastor toma a sua flauta e toca. Sem levantar a cabeça – as ovelhas são meio burrinhas, só pensam no capim, só olham para baixo –, elas ouvem a música velha conhecida. E a música lhes diz: "Podem pastar tranquilamente. Eu, o pastor, estou atento...".

A imagem do pastor é uma das mais belas da literatura bíblica. É mansa e forte. A imagem do pastor exorciza todas as imagens de terror. É preciso que Deus seja pastor para que as ovelhas vivam. Porque as ovelhas, sozinhas, estão perdidas. São fracas, não sabem se defender e sua inteligência é curta. Jesus olhou para as multidões – o povo – e teve "compaixão delas porque andavam desgarradas e errantes como ovelhas que não têm pastor".

Hoje pela manhã fui ao médico. Levei alguns livros para deixar lá porque os consultórios são lugares solitários e as revistas para passar o tempo sobre as mesas são sempre velhas. Consultórios médicos são lugares de espera. Pensei que aqueles livros poderiam ajudar os que esperavam a passar o tempo vazio da espera.

Entre os livros que levei estava o *Versos, diversos*, escrito pelo Guido Ivan de Carvalho, aquele que morava no número 34 da rua da Passagem, e eu morava no 35.

Enquanto esperava, fui passando as folhas, lendo umas, saltando outras. Até que me defrontei com este parágrafo:

> Mas a imagem que mais está presente em mim e me dá energia para seguir a caminhada, pensando na família, no trabalho e nos milhões de seres humanos que esperam e têm o direito de viver sua vida, é a de pastor de ovelhas. Sim, a imagem de um pastor de ovelhas. De um guardador de rebanhos, preocupado em garantir o campo e a água para todas as ovelhas, apenas porque deseja que cada ovelha participe da alegria do rebanho e o rebanho chore a fome de uma ovelha.

De profissão, o Guido era advogado. Mas a imagem que morava na sua alma, a imagem que fazia com que fosse o que era, era a do pastor. Ele disse que a imagem lhe dava energia. Uma imagem é algo que não existe, mas que tem poder!

No seu texto intitulado "Os devaneios voltados para a infância" (*A poética do devaneio*), Bachelard confirma: "A inquietação que temos pela criança sustenta uma coragem invencível".

Não esta ou aquela criança. A criança, simplesmente. A imagem da criança nos dá coragem, enche-nos de ternura e força. As duas imagens, a do pastor e a da criança, se fundem. Porque crianças são ovelhas. Ah, como eu gostaria que todos os professores, todos os pais, todos os adultos lessem esse capítulo comovente que leio e releio sem nunca me cansar.

Compaixão será uma doença, uma perturbação de que a alma humana sofre? Eu nunca percebi compaixão nos olhos de um animal...

Albert Schweitzer sofria dessa doença. Era filho de um pastor. Ele relata que, mesmo antes de ir para a escola, lhe era incompreensível o fato de que, nas orações da noite que sua mãe orava com ele, apenas os seres humanos fossem entregues aos cuidados do pastor divino. Assim, quando sua mãe terminava as orações e o beijava, ele orava silenciosamente uma oração que havia composto para todas as criaturas vivas: "Oh, Pai celeste, protege e abençoa todas as coisas que vivem; guarda-as do mal e faz com que elas repousem em paz".

Conta um incidente acontecido quando tinha 7 ou 8 anos de idade. Um amigo mais velho ensinou-o a fazer estilingues. Por pura brincadeira. Mas chegou um momento terrível. O amigo convidou-o a ir para o bosque matar alguns pássaros. Pequeno, sem jeito de dizer não, ele foi. Chegaram a uma árvore ainda sem folhas onde pássaros estavam cantando. Então o amigo parou, pôs uma pedra no estilingue e se preparou para o tiro. Aterrorizado, ele não tinha coragem de fazer nada. Mas nesse momento os sinos da igreja começaram a tocar, ele se encheu de coragem e espantou os pássaros.

Seu amor pelas coisas vivas não era apenas amor pelos animais. Ele sabia que, por vezes, era preciso que coisas vivas fossem mortas para que outros vivessem. Por exemplo, para que as vacas vivessem, os fazendeiros tinham de cortar o capim florido com ceifadeiras. Mas ele sofria vendo que, tendo terminado o trabalho de cortar a relva, ao voltar para casa, as ceifadeiras iam esmagando flores, sem necessidade. Também as flores têm o direito de viver.

Toda criança abraça com ternura um ursinho de pelúcia. O pastor é uma pessoa que não deixou de ser criança, continua a abraçar o ursinho de pelúcia. Todas as coisas fracas são ursinhos de pelúcia.

Van Gogh era filho de um pastor e na juventude resolveu seguir o caminho do seu pai. Suas telas mais comoventes são do período em que exerceu a função de pastor protestante numa cidade pobre na Bélgica. Comovido pela vida dura dos mineiros, pescadores e camponeses, ele imortalizou o seu sofrimento em desenhos a lápis e telas. Na sua tela *Os comedores de batatas*, os camponeses estão assentados à volta de uma mesa onde a única coisa que havia para comer eram as batatas. Os rostos são tristes. Não há sorrisos. A atmosfera é escura como a vida. Outras telas suas dessa época são *Mulheres consertando redes*, *Mulher de pescador na praia*, *Camponesa queimando gravetos*, *Vagão de terceira classe*.

Passaram-se trinta e cinco anos desde que me desliguei formalmente de igrejas. Num evento de lançamento do livro *Perguntaram-me se acredito em Deus*, fiz referência a esse fato: faz tempo que deixei de ser pastor... Terminada a minha fala, aproximou-se de mim um professor da Unicamp que eu conhecia de vista mas não de nome. "Professor Rubem", ele disse, "quero pedir permissão para corrigir uma coisa que o senhor disse e que não é verdade. O senhor continua a ser pastor. O que o senhor escreve são o seu cajado e a sua flauta...". Fiquei comovido.

A sociologia classifica os homens por suas profissões. Eles são aquilo que fazem. O rol das profissões é muito longo: médicos, dentistas, marceneiros, amoladores de facas, mendigos, detetives, políticos... A lista parece não ter fim.

Mas a alma é mais simples. Ela classifica os homens por meio de imagens poéticas. Vistos através da poética da alma, os homens podem ser classificados em três grupos.

Há os lobos que comem as ovelhas. É o poder sem amor.

Há as ovelhas que são comidas pelos lobos. É o amor sem poder.

E há os pastores, que defendem as ovelhas dos dentes dos lobos.

Assim, vista poeticamente, a imagem do pastor descreve uma inclinação da alma que nada tem a ver com profissões.

Mas, roubada da poesia, a imagem do pastor pode ser usada para designar uma profissão: o pastor é um funcionário de uma empresa que administra, distribui e até vende "bens espirituais".

"Bens espirituais" – para distingui-los dos "bens materiais" – são realidades imponderáveis e sutis, emocionais, tais como paz, amor, certezas, medos, êxtases, tristezas, entusiasmo, alegria.

Nessa posição, o pastor é uma peça de um jogo de poder semelhante ao xadrez, com suas casas, peças, regras e objetivo claramente definidos. No caso do jogo que o pastor joga não se busca o xeque-mate, porque isso poria um fim ao jogo. E o jogo precisa continuar... O que se busca é o aumento do poder; o peão se movimenta para a frente, buscando chegar à primeira fileira de casas do adversário. Se isso acontecer, ele poderá se transformar em rainha ou cavalo, de acordo com as conveniências do momento tático do jogo. No xadrez, o jogador se valerá de alianças com o poder político (a rainha), o poder militar (torres e cavalos), o poder eclesiástico (os bispos). No caso do xadrez real que o pastor joga, há também o poder econômico que, na vida, sempre aparece ligado aos interesses religiosos. Para o poder econômico, seria necessário criar uma nova peça cujo símbolo seria o cifrão. Essa peça, o cifrão, seria a mais poderosa de todas, pois não só teria o poder de fazer os movimentos que desejasse e inventasse, como também teria o poder de alterar as regras do jogo.

O que se busca é a sucessiva transformação das peças. Na Igreja Católica, fica mais claro: o padre luta para ser bispo; o bispo esforça-se para ser elevado a arcebispo; o arcebispo espera ser transformado em cardeal; e o cardeal sonha em ser o papa...

Mas sempre há aqueles que se recusam a obedecer às regras. Recusam-se a obedecer às regras por julgar que elas são ilegítimas. São os hereges. Os hereges não trapaceiam. Eles recusam-se a jogar. A trapaça acontece sempre às escondidas. Os hereges não querem esconder coisa alguma. Denunciam o jogo oficial, pedem a sua abolição e anunciam o seu próprio jogo. O que o trapaceador deseja é ganhar o jogo. O que quer dizer que concorda com o jogo. Os trapaceadores devem ser corrigidos e perdoados. Os hereges devem ser eliminados.

Sobre a relação entre as peças do xadrez eclesiástico e o cifrão conta-se a seguinte piada.

Havia numa cidadezinha dos Estados Unidos uma igreja batista conhecida pelo seu rigor ético. Seus membros seguiam rigorosamente os mandamentos e os costumes que a tradição sacralizara. Não participavam de bingos, não fumavam e não bebiam – atos que julgavam artimanhas do diabo para levar as almas à perdição. Havia naquela mesma cidade uma cervejaria. Não é preciso dizer que a dita cervejaria estava sempre presente nos inflamados sermões do pastor, que a acusava de igreja de Satanás. Aconteceu, entretanto, que por razões não esclarecidas, a igreja foi surpreendida com algo impossível de ser imaginado: a cervejaria lhe fez uma doação de US$ 500 mil. Criou-se imediatamente um problema. Se a doação tivesse sido de US$ 500 teria sido fácil rejeitá-la. Quinhentos dólares não é tanto dinheiro assim. Mas quinhentos mil... O pastor convocou imediatamente uma assembleia dos membros da igreja, porque as igrejas batistas são democráticas. A assembleia se dividiu em dois grupos: aqueles que diziam que o dinheiro tinha de ser rejeitado, por ser dinheiro de Satanás, e os outros que falavam das coisas boas que poderiam ser feitas com aquele dinheiro: uma creche, ou uma escola, ou um abrigo para velhinhos, ou um novo órgão. Depois de prolongados debates que entraram madrugada adentro, a assembleia, por voto unânime, aprovou a seguinte resolução: "A assembleia da Primeira Igreja Batista resolve aceitar a doação de US$ 500 mil feitos pela cervejaria Dubwiser na firme convicção de que o Diabo ficará furioso quando souber que o seu dinheiro vai ser usado para a glória de Deus".

A relação entre religião e economia, no caso específico do protestantismo e do capitalismo, foi detalhadamente analisada por Max Weber. Ele sugeriu que o hábito de poupar, necessário para a criação de capital, nasceu de uma disciplina calvinista à qual ele deu o nome de "ascetismo intramundano". Diferente do ascetismo católico, que se exercitava nos mosteiros, longe do mundo, o ascetismo calvinista era exercitado dentro do mundo. Os calvinistas dedicavam-se de forma disciplinada a ganhar dinheiro porque a prosperidade nos negócios era uma evidência da bênção divina. Mas – e aqui estava o seu ascetismo – não gastavam o dinheiro ganho. Segundo ensina a parábola dos talentos, um cristão não é mais que um mordomo que tem a missão de administrar o capital que pertence a Deus. Assim, o negociante que ganha o dinheiro não podia gastá-lo. Se não podia gastá-lo, o que devia fazer? Ele devia investir o dinheiro novamente nos negócios para que o capital de Deus crescesse.

Charles Merril Smith escreveu um livro delicioso, cheio de humor e perspicácia com o título *How to Be a Bishop without Being Religious* [Como chegar a ser bispo sem ser religioso] (Nova York, Doubleday, 1965). O título já revela tudo; no jogo eclesiástico de poder, é possível subir sem ter as qualidades espirituais interiores. Basta conhecer as regras do jogo.

Um velho e experiente bispo metodista aconselha seu jovem e inexperiente sobrinho, recém-saído do seminário, sobre as artimanhas políticas e psicológicas do jogo que ele precisa jogar como pastor, funcionário de uma organização religiosa.

O melhor é que o pastor não seja casado com uma mulher bonita. Uma mulher bonita perturba o imaginário da congregação. Enquanto o pastor prega o seu sermão para edificação dos fiéis, o imaginário dos fiéis estará entrando no quarto do casal e fazendo fantasias sobre o que o pastor e sua mulher fazem na cama. Isso não contribui para a edificação espiritual do rebanho.

O melhor é uma mulher sem atrativos. Se ela for bonita e sedutora, o pastor se sentirá tentado a descuidar de suas obrigações. Abelardo, nos seus relatos sobre seu amor furioso por Heloísa, confessa que deixou de preparar as aulas de filosofia que deveria ministrar na Universidade de Paris. O mesmo acontecerá com o pastor. Sua obrigação mais importante é preparar bem os seus sermões. Dos seus sermões dependerá sua permanência na sua igreja e sua ascensão a outras igrejas mais ricas em cidades maiores. São os sermões que fazem a fama de um pastor. Perturbado pelos encantos da mulher que o espera em casa, ele deixará o seu estudo e se entregará às delícias do amor.

Quanto aos sermões, há uma regra que deve ser seguida sempre: o sermão há de produzir lágrimas no meio e risos de felicidade no fim. Essa ordem não pode ser alterada, jamais. É preciso que, ao final do sermão, os paroquianos estejam tranquilizados e felizes.

Por isso, ao final do culto, o pastor se posta à porta da igreja, cumprimentando sorridente todos os que saem. Ali ele aguarda a confirmação do efeito do seu sermão: "Muito bom sermão, reverendo...", dizem sorridentes os paroquianos.

Sob esse ponto de vista, "pastor" nada tem a ver com imagem poética. O pastor é um funcionário que deve jogar de forma competente o jogo da instituição que paga o seu salário.

Nietzsche era filho de um pastor luterano que atendia em uma paróquia rural de grande pobreza. Ele gostava do seu trabalho e amava aquela gente humilde. Era organista e, às tardes, trancava-se sozinho na igreja e improvisava ao órgão. Os camponeses vinham e se assentavam do lado de fora para ouvir. Talvez a música fizesse mais bem às suas almas que os sermões.

É possível imaginar o menino Nietzsche misturado com os paroquianos à porta da igreja enquanto seu pai improvisava ao órgão. Mas seu pai morreu quando ele tinha cinco anos. Que influência teriam tido esses momentos na formação de Nietzsche?

Sua experiência como filho de pastor deixou marcas no seu pensamento. Muitas imagens bíblicas aparecem em seus escritos, transformadas. Mas as imagens da ovelha e do pastor o horrorizam. A ovelha é símbolo do homem comum que aceita tudo, o maria-vai-com-as-outras, o conformado, sem opiniões próprias, que se move empurrado pelo rebanho e que fica satisfeito se houver bastante capim. O povo é um rebanho de ovelhas que balem igual. E o pastor é aquele que cuida para que as ovelhas tenham sempre capim e continuem balindo como sempre baliram. É possível que ele estivesse pensando numa típica congregação protestante quando escreveu: "O perigo dessas comunidades sólidas baseadas em indivíduos homogêneos (está em que elas) têm como característica uma estupidez que cresce sem parar". "Nenhum pastor e um rebanho! Todos querem a mesma coisa, todos são a mesma coisa: aquele que se sente diferente vai voluntariamente para o manicômio."

A imagem pastoril que Nietzsche amaria seria a do cabrito montês, sozinho, sem pastor, sem rebanho, no alto de uma rocha... O seu desejo era acabar com rebanhos e pastores e seduzir os homens à liberdade. "Seduzir muitos a abandonar o rebanho, para isso eu vim. Zaratustra deseja que os pastores o chamem de ladrão. Nunca mais falarei ao povo. Pela última vez falei aos mortos. Zaratustra não se tornará um pastor e um cão do rebanho..."

Que estranho pastor seria Zaratustra! Um pastor que seduz as ovelhas a abandonar a segurança do rebanho.

Talvez seja possível pensar num pastor diferente que ao mesmo tempo em que protege as ovelhas indefesas e burrinhas tenta seduzi-las a se transformarem em cabritos monteses...

Volto ao Guido. A imagem do pastor: de onde surgiu? De onde veio? Se eu lhe perguntasse, ele não saberia dizer.

De onde me veio a imagem do pastor? Uma investigação psicanalítica talvez pudesse encontrar suas raízes nalgum trauma infantil. No meu caso, é possível que ela tenha suas origens nas minhas experiências de humilhação e fraqueza na escola. Fraco e humilhado, eu era uma ovelha abandonada à sanha dos lobos. Eu precisaria de um pastor que me defendesse.

Descoberto o trauma o sentimento desaparece? Não é à toa que os artistas têm medo da psicanálise! Eles temem que, com a resolução dos seus sofrimentos neuróticos, o impulso criativo os abandone. Pois, ao se acreditar na psicanálise, a arte não é sintoma exterior de uma ferida interior? Curada a ferida, a arte não teria mais razão de ser.

O fato é simples: os fracos me provocam ternura. Aquela menina magra e feia humilhada pelo riso dos colegas, chorando em silêncio... Ainda hoje tenho vontade de abraçá-la.

As doutrinas religiosas, eu já não acreditava nelas. O que restou foi essa imagem e os sentimentos que a acompanham.

ESPIRITUALIDADE E BELEZA

A espiritualidade católica se alimenta de estímulos sensoriais. A igreja é um lugar onde estão coisas de se ver, de se ouvir, de se cheirar. Cercado pelas imagens coloridas dos santos, ícones, vitrais, incenso, os sinos que repicam, o corpo sente sem precisar pensar.

O catolicismo cultiva a beleza. Ao ver, sentir e ouvir, o fiel é possuído pela beleza. E sofre. Porque a beleza faz o corpo sofrer. A beleza de Deus é sofrida. Ao sofrer a beleza, o fiel se sente em comunhão com o sagrado. "Vejo, ouço, sinto e choro. Tenho Deus dentro de mim!"

Trata-se de uma experiência de êxtase. A beleza está além das palavras. Ela faz o pensamento parar. Que pensamentos poderiam ser acrescentados à pungência do repicar dos sinos? Ou ao perfume do incenso? Ou à missa cantada em latim, que ninguém entende, mas ama? Para que entender? Basta a música.

Mia Couto mostrou isso ao descrever a fé de uma mulher:

> Dulcineusa tinha sido educada em igreja. O que a fazia crer não era o que o padre falava. Mas porque ele falava cantando. Alguém mais fala cantando? Algum branco o fazia? O Padre

> Nunes era o único. Cantava, e quando cantava, no recinto da igreja, em coro e com eco, aquilo era tudo verdade... (*Um rio chamado tempo, uma casa chamada terra*)

Os místicos católicos haveriam de concordar com a afirmação de Alberto Caeiro: "Pensar é estar doente dos olhos". Eu aumentaria: "... é estar doente do corpo inteiro". Sente-se melhor quando não se pensa.

A espiritualidade calvinista, ao contrário, nutre-se do pensamento. Deus é objeto de ideias claras e distintas. Calvino poderia muito bem ter dito: "Penso, logo existo". Existo ali onde estou pensando. Meus pensamentos são a substância do que sou.

Daí a sua desconfiança em relação aos sentidos. Os sentidos são sedutores, podem burlar a vigilância do pensamento. As artes, especialmente as artes plásticas, por serem lugares de beleza, põem os pensamentos a dormir – e, quando os pensamentos dormem, o Tentador trabalha.

Sim, há um lugar para a beleza no culto calvinista. Mas qual é ele? A função da beleza deveria ser simbolizar algo que está além dela e para o qual ela aponta: Deus.

E é precisamente aí que surge a idolatria: quando a beleza do símbolo obscurece a verdade do simbolizado. O símbolo belo se torna, então, objeto de adoração.

Relata-se que Calvino teve um desencontro com o organista da catedral em que ele pregava por haver desconfiado de que o organista se valia do seu virtuosismo não para louvar a Deus, mas para louvar-se a si mesmo.

O calvinismo não busca experiências estéticas por elas mesmas. Ele não cultiva a beleza. Ele busca o pensamento claro. É no pensamento que Deus mora.

Isso fica muito claro na eucaristia. Para os católicos, Deus está presente no pão e no vinho, "*ex opere operato*", independentemente do que se possa estar pensando. Para o calvinismo, ao contrário, Deus está presente não no pão e no vinho, mas nos pensamentos que o pão e o vinho produzem.

E foi por isso que, uma vez transferidos da Igreja Católica para a Protestante, com a vitória da Reforma, procedeu-se a uma rigorosa assepsia nas artes que enchiam os templos de cores e formas. E os templos ficaram parecidos com salas de aula...

No Brasil, quando se estabeleceram as primeiras comunidades protestantes, elas eram proibidas de construir seus templos com arquitetura de templo. O que combinava com a tradição calvinista. E o resultado foram templos sem nenhuma beleza. Nisso eu invejava os católicos.

O templo da igreja de Lavras era bonito. Tinha vitrais coloridos. E um órgão de tubos, coisa rara no interior de Minas. Naqueles tempos eu ainda tocava piano e gastava horas ao órgão preparando os pequenos concertos com que iniciava os cultos da noite aos domingos. Peças simples de Bach, do *Pequeno livro de Ana Madalena*, das *Vinte e três peças fáceis*, do *Cravo*, de Haendel, o *Largo*. Esquecido, no órgão, eu me sentia um pouco parecido com Schweitzer... E isso me dava felicidade.

O GRITO NA NOITE

Os invernos eram frios, muito frios. Mas havia a compensação: o céu azul, os campos secos onde os ipês explodiam em flores amarelas. Gostava de entrar debaixo dos ipês e fotografar suas copas, só as copas, contra o céu azul.

Mas de noite o frio era cruel. O vento assobiava pelas gretas das portas e janelas. E todas as cores desapareciam, embrulhadas pela escuridão. As ruas ficavam vazias. As pessoas ficavam em casa quentando-se em volta do fogão de lenha e tomando sopa, conforto para a alma. Às nove horas, todo mundo estava pronto para a cama.

Passava das onze da noite, eu já estava dormindo no conforto quente dos cobertores. O telefone toca. Telefone tocando em noite fria depois das onze só pode ser coisa séria, quem sabe morte.

Atendi.

"Pronto."

"É o reverendo Rubem Alves?"

"É."

"Estou chamando de Perdões para lhe pedir um favor. Aconteceu um acidente. O rio estava cheio, várias pessoas estavam numa canoa. A canoa virou e uma moça morreu afogada. O nome dela é Dilza. Acontece que os pais dela são aí de Lavras. Telefonei para pedir ao senhor que avisasse os pais dela..."

"Onde eles moram?"

Aí ele passou a explicar; não sabia direito, era num bairro pobre que eu não conhecia, ele não sabia o nome da rua, me deu o nome do pai dela.

Preciso fazer uma confissão. Fiquei mais perturbado com o incômodo de sair de casa numa noite fria à procura de uma pessoa que eu não conhecia e que vivia num lugar ignorado que com a morte da Dilza e a dor dos seus pais, que naquele momento dormiam em paz com a vida. Dali a pouco o destino, na pessoa do reverendo, bateria à sua porta. Acho que Bergman poderia colocar essa cena num dos seus filmes. Eles acordariam sonolentos e assustados com batidas àquela hora da noite e, de repente, não mais que de repente, do silêncio se faria o grito.

Todas as luzes estavam apagadas. Todos dormiam. Fui parando de casa em casa, acordando os moradores, explicando o acontecido, pedindo desculpas e informações...

Até que cheguei à pequena casa adormecida. Bati. Do silêncio que havia surgiu o barulho de passos. Um senhor entreabriu a porta. É prudente não abrir a porta de todo naquela hora da noite para um desconhecido.

Foi então que eu, mais movido pelo incômodo e pela irritação que pela dor que eu trazia nas palavras, simplesmente, friamente, objetivamente, dei o recado. Houve um momento imóvel sem palavras, o homem voltou-se para dentro para dar a notícia terrível. E fez-se o grito que apagou o vento que apagou o frio que apagou o escuro que apagou as estrelas...

Era o grito de uma mãe que tinha uma filha morta nos seus braços. Ela só dizia uma palavra:

"Dirza! Dirza! Dirza..."

Aquele grito me penetrou como uma faca. Acordei da minha sonolência indiferente. Sim, eu tinha de dar a notícia. Mas, se tivesse sentido a dor que aquela mãe e aquele pai sentiriam, eu teria usado palavras de compaixão. Foi isso que não fiz.

Mas o erro já fora cometido e nada poderia ser feito para desfazê-lo. Esperei que se aprontassem, coloquei-os na Kombi e fomos para Perdões. A viagem foi silenciosa. Não havia o que dizer. Havia só o soluçar da mãe e a repetição do nome da filha morta. "Dirza". Mas agora a música era outra. Não era mais o grito dirigido aos céus. Era um balbuciar triste, um lamento diante de Deus, que fora tão cruel...

Para que os levei? Para nada. O corpo da filha morta estava longe, sendo levado pelas águas do rio. A mãe não teria nem mesmo o consolo de pegar a filha morta no colo e acariciar o seu rosto, como a Pietà. Disse que os levei para nada? De novo corrijo minha insensibilidade. Eu os levei para o lugar onde todos diziam o mesmo nome e choravam: Dirza...

Sempre que me lembro, tenho vontade de pedir perdão. Meu castigo é que não tenho a quem me dirigir para pedir perdão...

O DEFUNTO SOLITÁRIO

Chovia. Chovia. Chovia. O telefone tocou:

"Reverendo, estou falando aqui da Vila S. Francisco..."

A Vila S. Francisco era um bairro pobre, num morro, ruas sem calçamento, terra vermelha. Com aquela chuva, a terra já tinha virado ou sabão ou atoleiro.

O desconhecido continuou:

"Morreu um homem. Já está no caixão. Sozinho. Não há ninguém pra levar o caixão até o cemitério. Com essa chuva, os homens todos fugiram. Ninguém quer se molhar arriscando-se a escorregar e deixar o defunto cair. O cemitério é muito longe. Será que o senhor podia ajudar a gente, com a Kombi?"

Tinha jeito de dizer não? Tinha jeito de perguntar se o homem era protestante para fazer jus aos serviços da Kombi da igreja e do pastor como motorista? Tinha jeito de dizer que, não sendo protestante, que fossem atrás do padre?

Fui lá. Pusemos o caixão de defunto dentro da Kombi, pela traseira. E lá fomos os quatro, o morto, dois homens de bom coração que eu nunca vira e eu. Enterrado o morto debaixo da chuva, os três vivos ensopados, ao final eles disseram um "Deus lhe pague". Em silêncio, eu os abençoei...

A MENINA QUE NÃO DESGRUDAVA DA MÃE

Dentre as mulheres abençoadas estava a dona Maria do Socorro, famosa na cidade por ser mãe de nove filhos. Isso não era incomum. Mas o caso da dona Maria do Socorro era incomum porque, dos nove filhos, dois eram gêmeos e três eram trigêmeos. Tratava-se, evidentemente, de uma graça muito especial, sinal de que Deus amava aquela mulher de forma especial.

Algumas mulheres da igreja me procuraram e me falaram sobre a dona Maria do Socorro, que, em virtude da sua pobreza e dos muitos filhos, passava muitas necessidades. Fui visitá-la.

Ela vestia um vestido de saco, largado, sujo, com a bainha descosturada. Não tinha dentes. Para os pobres, perder os dentes era uma felicidade, porque só assim eles ficavam livres das terríveis dores de dentes.

Chamou a minha atenção o comportamento de sua filha de 6 anos, coisa que eu nunca tinha visto. Ela não se separava da mãe, como se estivesse grudada nela numa posição curiosa, agarrada ao seu corpo, rosto colado nas costas da mulher. Por onde quer que fosse a dona Maria do Socorro, ia também a sua filha, colada nela, com passos sincronizados. Parecia inclusive que ela desenvolvera uma capacidade de prever os movimentos da mãe.

Depois de muito observar sem perguntar, o mistério foi esclarecido. De tanto amamentar os filhos sem nunca usar sutiã, os seios da dona Maria do Socorro haviam se alongado, alongamento que mais se alongava em virtude da murchidão daquelas agora muxibas que outrora, na juventude, deveriam ter sido seios provocantes de se ver. Os murchos seios pendiam longos, desciam pelo tórax magro, eram direcionados a passar debaixo do braço direito e saíam por um descosturado que havia no vestido, nas costas. Era ali, naquele descosturado por onde saía o bico do seio, que a menina se acoplava à mãe, sugando sem parar o seu seio seco.

GANHEI UM CASTELO MEDIEVAL

Eu amava aquele casal, senhor João José e dona Guilhermina. Eram cristãos sinceros, modestos, bondade pura, sem infernos que os amedrontassem, e haviam passado muitos anos de sua vida entre os indígenas Caiuá. Foram meus amigos mais chegados nos meses em que, acusado de subversivo, vivi sob o medo de ser preso. (Não acredite no ditado "Quem não deve não teme". Muitos que nada deviam morreram.) Mas essa estória eu conto depois.

Dona Guilhermina, já velhinha, ficou sofrendo de uma forma graciosa da doença de Alzheimer. Passou a viver num mundo de fadas encantado: era possuidora de uma infinidade de castelos espalhados por todo o mundo. Generosa, não permitia que ninguém saísse de sua casa sem ganhar um magnífico castelo de presente. Possuía castelos na Tailândia, na China, na Itália, na Rússia. Ela me agraciou com um castelo na Escócia. Infelizmente, ainda não chegou o meu tempo de visitá-lo. Mas sei que está lá à minha espera. É possível até que eu venha a me mudar para ele se um dia uma graciosa doença de Alzheimer me tocar. Receberei então a dona Guilhermina como hóspede, ela ficará nos aposentos de honra do castelo e passaremos longas tardes diante da lareira, conversando sobre os bons tempos de antigamente enquanto, para espanto dos garçons escoceses, tomamos café com pão de queijo mineiro... Eu disse "espanto" porque os escoceses não conhecem o pão de queijo mineiro...

Fico a pensar. Quem está dentro do corpo de uma pessoa depois que o Alzheimer a toca? A dona Guilhermina não era a outra dona Guilhermina que servia bolinhos com café que nada sabia sobre castelos. Para onde foi essa dona Guilhermina? Tocada pelo Alzheimer, ela se tornou possuidora de muitos castelos, castelos reais que dava de presente. A fronteira entre o país da fantasia e o país da realidade fica onde? O que é a realidade? Guimarães Rosa sabia e disse, mas não explicou: "Tudo é real porque tudo é inventado...".

ELA PREFERIA FICAR NA TERRA

É justo que se pense que as pessoas religiosas vivem a sua vida terrena na ardente e feliz expectativa do céu, para onde irão depois de morrer. Pois, o que é esse mundo? Nisso, católicos e protestantes estão de acordo. Rezam os católicos: "Salve Rainha, a vós bradamos degredados filhos de Eva, a vós suspiramos gemendo e chorando neste vale de lágrimas...". Terra, lugar de degredo, lugar de desterro. Não é lar, é passagem. O beato, com um olho vê a desgraça do mundo, com o outro as delícias do céu.

Os protestantes dizem "amém" e até mesmo cantam: "Da linda pátria estou bem longe, cansado estou. Eu tenho de Jesus saudade: quando será que vou? Passarinhos, belas flores querem me encantar. Oh! Vãos terrestres esplendores! De longe enxergo o lar..." (A música é nostálgica, romântica. O Décio Lauretti, amigo médico por profissão e músico por vocação, me contou que, quando menino, não podia ouvir esse hino que chorava... Daí a necessidade de estar atento. Com frequência, a música bonita carrega ideias perversas, é BMW que transporta bandidos...)

É preciso estar atento. Tudo conspira para o engano. Até mesmo os passarinhos e as flores, tão inocentes. A gente até pensava que eram criaturas de Deus. Mas, não. São artimanhas do demônio, que procura nos enredar no engano. A pessoa realmente religiosa é uma exilada neste mundo. Seu lar está depois da morte.

Aí logicamente se conclui: se o céu é tão bom, o melhor é morrer logo. Mas eu nunca encontrei nenhuma pessoa que desejasse morrer para ir para o céu. O que quer dizer que ninguém acredita...

Qual seria a marca de uma pessoa que realmente deseja ir para o céu? Uma pessoa que está ansiosa para ir para o céu é aquela que está ansiosa para morrer. Porque é pela morte que se entra no céu. A pessoa que deseja ir para o céu, se pudesse, por coerência, deveria apressar a sua morte, sem se valer do suicídio, é claro, porque a morte pelo suicídio não a levará ao céu, mas ao inferno.

Há um jeito de apressar a morte sem pecar? Há e é fácil. Ensino.

Os diabéticos devem comer muitos bombons. Os hipertensos devem comer comida bem salgada. Os que têm colesterol alto devem comer bastante bacon, torresmos e ovos. E é preciso não esquecer de fumar dois maços de cigarros por dia, de preferência sem filtro.

Conheço muitas pessoas que se entregam a esses prazeres. Mas não conheço ninguém que se entregue a eles, de propósito, para morrer mais cedo. As pessoas religiosas – as freiras, as beatas, os bispos e até mesmo o papa – cuidam da sua saúde. Fazem caminhadas, controlam glicose, colesterol, triglicérides e evitam o sal e o açúcar. Ainda não encontrei ninguém que se esforce por morrer a fim de ir para o céu. Até mesmo o papa não quer morrer.

Concluo, então, que mesmo as pessoas religiosas que dizem acreditar que o céu existe, e é um lugar de felicidade perfeita, não querem morrer. O bom mesmo é a nossa terra.

Cecília Meireles colocou esse sentimento em uns poucos versos:

> Pergunto se este mundo existe,
> E se, depois que se navega,
> A algum lugar, enfim, se chega...
> O que será, talvez, até mais triste.
> Nem barca nem gaivota:
> Somente sobre-humanas companhias...

A dona Clara já estava velhinha, 92 anos. Eu a conhecera muitos anos antes. Era uma mulher mansa, que gostava da vida, cultivava uma horta de ervas aromáticas, hortelã, manjericão e tomatinhos vermelhos. Acreditava em Deus de um jeito tão macio, sem medos e sem pecados a serem perdoados! Gostava deste mundo. Acho que ela não sabia e, se sabia, não ligava para as doutrinas dos teólogos. Estava cega e não saía da cama. Sua filha lia a Bíblia para ela, certamente alguma daquelas passagens queridas, quem sabe o Salmo 23, ou o livro do Eclesiastes ou o conselho de Jesus para que deixássemos de lado as ansiedades e olhássemos para as enganadoras aves dos céus e os lírios dos campos... Sua filha lia. Mas ela não ouvia. Seus pensamentos estavam longe das palavras do livro sagrado. De repente, levantou a mão, pedindo que a filha parasse. Tinha algo a dizer.

"O que é, mamãe?", a filha perguntou.

"Minha filha, sei que a hora está chegando. Que pena! A vida é tão boa!"

CONSELHO DE LOUCO

Ele já era um homem maduro, saído de um casamento infeliz, desquitado, com vários filhos. Ela era pouco mais que uma adolescente, ferida por um amor infeliz. Seus pais, gente importante na cidade, a vigiavam dia e noite para que não cometesse outro erro. Da casa jamais saía sozinha.

O livro *O amor nos tempos do cólera* é a estória do amor entre Fiorentino Ariza e Fermina Dazza. Ele, um modesto escriturário de uma companhia de navegação. Ela, uma jovem da alta sociedade para quem os pais preparavam um futuro rico e seguro. Ela ia para a escola escoltada por uma dama de companhia, garantia de traslados sem encontros indesejáveis.

Os dois se apaixonaram sem que jamais tivessem trocado uma única palavra. O amor acontecia pelo olhar... Trocavam bilhetes que deixavam nos vãos das grades que havia na frente dos jardins sem que a dama de companhia percebesse. Mas o seu amor não foi de valia. Os planos dos pais foram mais fortes. Fizeram a menina Fermina se casar com um médico próspero recém-chegado da capital, o doutor Urbino. Fiorentino quase enlouqueceu, e terminou por ser despedido do emprego porque os seus sentimentos eram tão fortes que interferiram na objetividade e frieza que devem ser marcas da correspondência comercial.

Quem quiser saber o final da estória que leia o livro, sabendo que Fiorentino e Fermina só se abraçariam cinquenta e um anos depois, quando o doutor Urbino, esquecido da sua idade, subiu numa escada para pegar um papagaio que fugira para uma mangueira. O doutor Urbino vacilou, a escada caiu, e o seu pescoço quebrou. Há mortes que são uma libertação. Nesse caso, para a Fermina, já velha, que continuava a amar o Fiorentino.

A estória que passo a narrar teve um começo parecido. A menina sempre vigiada, ele sempre a vigiando de longe, os dois se amando com os olhares, não sei se deixavam bilhetes nas grades dos jardins.

Mas a vigilância é inútil quando o amor anda solto. É assim que se iniciam os contos de *As mil e uma noites*. Um gênio perverso se apaixonara por uma jovem de rara beleza que não o amava. Doido de amor, ele a raptou e a colocou dentro de uma caixa de vidro no fundo do mar. Mas inúteis foram a vigilância e as precauções do gênio. Há momentos em que a vigilância se descuida e as precauções cochilam...

(Há apenas uma forma, uma forma somente, para se garantir que a pessoa amada não alce voo: matando-a. Por isso se cometem crimes de amor: para garantir que, por toda a eternidade, o objeto amado será meu, apenas meu...)

Os pais da moça vigiavam sem cessar. Jamais permitiriam namoro e muito menos casamento de sua filha com um homem desquitado cheio de filhos.

Mas, se não a morte, um convento tem resultado igual ao da morte.

Sem saber o que fazer, veio ele então à minha procura em busca de orientação. Supõe-se que um pastor deve dispor de canais diretos de comunicação com Deus para receber os seus conselhos.

Eu, pastor, deveria ter dado o conselho de prudência condizente com a imagem que os outros tinham de mim: "Converse com os pais da moça. Eles haverão de compreender...".

Com isso, eu teria me desobrigado do meu dever de pastor, mas teria sido um conselheiro mentiroso, por saber que, se meu conselho fosse seguido, o fim seria terrível. Os pais da menina colocariam o desquitado pai de muitos filhos no olho da rua. (Quem diria que rua tem olho!)

Eu poderia também ter seguido o conselho da razão realista. E teria dito: "Infelizmente não há esperanças. O melhor é desistir dela. O tempo é o melhor remédio. Você a esquecerá e amará muitas outras...".

Com isso, eu teria ignorado a dor da paixão, e ele sairia do meu escritório com o coração partido.

Mas havia um outro conselho possível, fora de toda a prudência e do realismo, e em desacordo com os costumes e a realidade, conselho que só um pastor louco daria. Foi o conselho que dei:

"Fuja com ela."

Ele seguiu o meu conselho. Fugiu com ela...

Encontrei a filha dele dias atrás, por puro acaso. Conversamos e rimos sobre o passado tão distante, essas coisas que aconteceram quando ela era menina.

Aí eu fiquei curioso sobre a logística da fuga. Devia ter sido muito complicado planejar tudo, sendo a moça tão vigiada. Mandei um e-mail para a filha na esperança de esclarecimentos. Ela me respondeu:

> Oi, Rubem: Quando menina, lembro-me de minhas tias "armando" encontros entre os dois. Tenho quase certeza de que

eles se encontraram, sim, algumas vezes. Sempre escondido, é claro! Lembro-me também de que trocavam "longas cartas de amor". Eu a conheci na escola. Ganhei muitos desenhos e pinturas de presente, marcadores de livro coloridos, muito lindos, tudo feito por ela (que já estava apaixonada). Eu ficava orgulhosa dos meus presentes (as outras meninas me invejavam...) e guardava tudo em uma pasta que carregava pra cá e pra lá. Imagine a minha surpresa quando, um belo dia, me disseram que ela era "noiva" do meu pai. E que, um dia, viria morar com a gente. Sobre a "fuga", eu nem sabia. Mas, com certeza, teve ajuda das minhas tias. Acho que as crianças (nós cinco) davam muito trabalho. E elas (apesar de todo o carinho) não viam a hora de nos arranjar uma "boadrasta". Um abraço...

Isso aconteceu em 1962. Estão juntos e ternos até hoje, 2007, vivendo o amor manso da velhice...

O OUTRO RUBEM

Alguns fiéis – os mais rigorosos com suspeita, os mais livres com alegria – notaram que eu não me encaixava no estereótipo do pastor. Eu não falava as mesmas coisas que eles falavam. A fala diferente provoca perturbações. Os fiéis, na sua maioria, não vão à igreja em busca de pensamentos novos. Vão em busca de repetições. As repetições têm um efeito tranquilizador. Elas dizem que o mundo continua o mesmo. Coração bom bate firme sempre do mesmo jeito. Uma arritmia repentina estraga a tranquilidade da alma. Não me recordo de que o velho bispo tivesse dado ao seu jovem sobrinho o conselho que vou dar aos jovens pastores que querem fazer carreira: nunca diga nada de novo. A vida ama a mesmice. Para você não ficar chato dizendo sempre as mesmas coisas, aprenda dos músicos a arte das "variações".

Faz alguns meses, compareci ao funeral de um clérigo católico importante. Lá estavam bispos, monsenhores, muitas freiras e personalidades importantes, especialmente na política. Sepultamentos são lugares privilegiados para propaganda política. Um político que presta seus respeitos a um clérigo morto garante a seus eleitores que acredita em Deus. E também alguns seminaristas, vestidos de preto. Circulavam como satélites à volta dos centros do poder eclesiástico. Queriam ser notados pelos poderosos. Tinham as atitudes de reverência e submissão. Fiquei fascinado com as suas mãos, um jeito que eu nunca vira em pessoas comuns: juntas, dedos entrelaçados e apertados, à altura do peito. Esse jeito das mãos confirmava: eram seres angelicais, haviam aprendido as lições dos santos que têm as mãos postas quando oram e, sobretudo, tinham consciência de onde se encontrava o poder e o reconheciam publicamente.

Os pastores protestantes também têm os seus gestos identificadores. O rosto piedoso, a prontidão para orar em todas as horas, os versículos bíblicos sempre prontos para transformar cada situação num sermão. Eu não tinha nada disso. E havia no meu rosto, sobretudo, um sorriso matreiro de palhaço, como se eu estivesse sempre fazendo gozações. Isso tudo sem que eu percebesse porque, é claro, eu não via o meu sorriso. Ele estava plantado no meu rosto contra a minha vontade... Disseram-me que havia nele um ar malicioso, zombeteiro...

O PRESBÍTERO MALAQUIAS

O presbítero Malaquias era um exemplo do homem consistente do qual fala Kołakowski. Estava firmemente convencido de suas verdades, para além de qualquer dúvida, e, na vida, tratava de vivê-las rigorosamente. Acreditava que a Bíblia fora ditada por Deus e que tudo o que se encontra nela é verdade literal. Em resumo, o universo consta de três andares: a Terra, no meio; o Inferno, abaixo; e o Céu, acima. Há um drama que liga esses três andares: mortas as pessoas na Terra, suas almas tomarão o seu destino eterno, ou eternamente no Inferno, ou eternamente no Céu. O que determinava o destino das almas era o reconhecimento verbal, por parte do pecador, de Jesus Cristo como seu único e suficiente salvador. Salvo por Cristo, o pecador deveria trilhar um caminho de obediência aos mandamentos, sendo que o mandamento de nada fazer no sábado era o mais importante, razão por que, quando o conselho examinava os candidatos à profissão de fé, isto é, o ato público de reconhecer a Cristo como único e suficiente salvador, ele era rigoroso em advertir os neófitos de que não poderiam, dali para frente, tomar cafezinho nos bares no domingo nem ouvir música profana, ainda que fosse Beethoven.

Era-lhe, portanto, inadmissível que, nos sepultamentos, eu não me valesse do morto para amedrontar os vivos. Terminada a minha participação nos ritos fúnebres com palavras suaves e sem ameaças de Inferno, o presbítero Malaquias se sentia na obrigação de fazer o que eu não fizera: dava um passo à frente e punha-se a amedrontar os vivos com o Inferno. Envergonhado, eu me esgueirava entre as sepulturas. Por vezes, a companhia silenciosa dos mortos é mais consoladora que o vociferar dos vivos.

Acho que o presbítero senhor Malaquias desconfiava. Desconfiava de que havia um outro Rubem diferente do pastor Rubem que se mostrava em público. E ele estava certo. Valia para mim o que o Fernando Pessoa escreveu sobre os poetas: "O poeta é um fingidor".

Havia, no Rubem pastor que morava na fantasia dos fiéis, um outro Rubem que ninguém imaginava... Essa afirmação haverá de provocar um suspense nos meus leitores, esperando revelações de pecados sórdidos e práticas devassas nesse segundo Rubem. Pois podem abandonar as esperanças. Os pecados protestantes são pequenos, beirando o ridículo; eu gostava de tomar caipirinha, de jogar buraco.

Ah! Se o presbítero Malaquias desconfiasse, seria uma enorme confusão... Ele era tão rigoroso que, certa feita, enviara uma queixa ao conselho da igreja pelo fato de eu haver tirado uma fotografia de um grupo no qual havia um homem fumando cachimbo. Não contente com o pecado de fotografar um fumante no ato mesmo do seu pecado, eu havia me atrevido a mostrar o slide do pecado para a igreja. Se ele desconfiasse dos meus pecados de caipirinha e buraco...

Todos os cuidados eram poucos. As cartas só iam para a mesa depois de as cortinas haverem sido cuidadosamente fechadas. Mas não era um jogo feliz. Porque era sempre possível que o presbítero Malaquias, na melhor das intenções, vindo nos visitar amigavelmente, me encontrasse envolvido naquele festival de perdição.

Um dia, muni-me de coragem e fui ao armazém comprar uma cachaça para me deliciar com o pecado de umas caipirinhas. O dono do armazém, entusiasmado com a visita de uma pessoa importante, o pastor, apressou-se em atender-me, maldito...

"Mas que prazer, reverendo, receber a sua visita... Em que posso servi-lo?"

Titubeei. Perguntei-me: digo que estou ali à procura de uma cachaça ou desconverso, perguntando se ele vende rapaduras? Repreendi-me pela minha covardia. Eu, amedrontado por um dono de armazém...

"Bom dia, senhor Manoel... Quero uma garrafa de cachaça..."

Ele não esperou que eu completasse.

"Uma garrafa de cachaça... Mas é claro. Pra curtir pimenta, não? Não vou imaginar que o senhor goste de caipirinhas... Pra curtir pimenta, uma cachaça vagabunda..."

Respondi, derrotado: "Sim, pra curtir pimenta.. Uma cachaça vagabunda...".

Jovem, sem experiência com as coisas da alma, eu não sabia que aquilo que minhas ovelhas mais desejavam era um pastor que jogasse buraco e gostasse de caipirinha. De um pastor assim, não precisariam esconder nada; ele estaria mais próximo da vida delas... Eles também gostavam de caipirinha, também gostavam de jogar baralho. Mas bebiam e jogavam escondido, imaginando que um pouco do presbítero Malaquias morasse em mim. Quantas alegrias perdemos!

O presbítero Malaquias não fazia concessões. Seu gesto favorito era a mão fechada, o indicador abraçando o topo do polegar acompanhado da expressão "é ali...". Detestava os católicos. Idólatras. Papistas. Destinados ao fogo do Inferno. Era adepto de atitudes bélicas em relação a eles porque acreditava que assim eles se arrependeriam. Com o objetivo de convertê-los, comprou um alto-falante com um microfone e, numa manhã do domingo, foi até uma cidade vizinha para pregar o Evangelho. Escolheu a hora em que os fiéis católicos saíam da igreja após a missa das nove. Apontou sua artilharia para a porta da igreja matriz e esperou. Quando a praça estava cheia de idólatras, ele ligou o alto-falante e "fogo!". Disparou contra os ídolos, contra o Purgatório, contra a Virgem. A reação foi imediata. O senhor Malaquias e seus ajudantes tiveram que correr para a perua e fugir para não terem o destino de Estêvão mártir. Ele era assim. Um homem de coração bom, só queria a salvação da alma dos idólatras. Pena que suas convicções à prova de qualquer ponderação atrapalhassem tudo. Funcionário de uma repartição pública, não se conformava com a idolatria pregada à porta de entrada da repartição. Aí foi promovido a chefe. Terminada a solenidade de posse, sozinho na repartição, tomou a decisão de desidolatrar o ambiente. Subiu numa cadeira, desceu o crucifixo do lugar onde estava pendurado e descrucificou o Cristo com um martelo.

As aulas de escola dominical eram momentos em que o presbítero Malaquias colocava minha paciência na sua bigorna e martelava. Ele ficava com suas antenas ligadas para ver algum sinal de heresia no que eu falava. E eu suportava tudo com infinita paciência. Isso que vou contar, não sei se foi indelicadeza de minha parte. Acho, ao contrário, que foi o Espírito Santo que me inspirou. Deixo que vocês julguem.

Eu dava uma aula para um grupo de trinta adultos. Não me lembro do assunto. Aí, como era costumeiro, ele levantou a mão. Havia identificado cheiro de heresia.

"Reverendo, o senhor é um modernista!"

Modernista é coisa grave para protestantes e católicos. Um modernista é uma pessoa que trocou a velha e sólida fé pelas novidades da modernidade. Respondi com paciência:

"Modernista por quê, senhor Malaquias?"

Ele parou e pensou, em busca da minha descrença que revelaria a minha heresia.

"O senhor não acredita em milagres..."

Mas a aula não era sobre milagres.

"É preciso que o senhor me diga qual é o milagre em que não acredito...", ponderei.

Depois de alguns segundos de silêncio indeciso e com o intuito claro de me desmascarar, ele disse o milagre, o mais cabeludo de todos:

"O senhor não acredita que a besta de Balaão falou..."

Já contei sobre a besta de Balaão em outro lugar, aquela que falava hebraico.

Foi então que a resposta me veio dos céus, revelada instantaneamente.

"Senhor Malaquias. De todos, esse é o milagre mais comum. Porque até hoje há muitas bestas que falam..."

Os alunos explodiram numa gargalhada. E o senhor Malaquias ficou perplexo por nada saber sobre o milagre das bestas falantes que continuavam a falar até aqueles dias...

A TRAIÇÃO

Os textos que se seguem são pequenos contos que escrevi há muitos anos, baseados em acontecimentos da minha vida como pastor. Mas são literatura. E, na literatura, 50% de realidade se mistura com 50% de fantasia. Guimarães Rosa cita Tolstói: "Se descreves o mundo tal qual é, não haverá em tuas palavras senão muitas mentiras e nenhuma verdade". Juízo que é confirmado por Manoel de Barros: "o que não existe é mais bonito...". Eu sou o narrador. E o "reverendo" a que me refiro na terceira pessoa, sou eu...

*

"Mais um cafezinho, reverendo?"

"Aceito. Os biscoitinhos estão deliciosos..."

Visitar os fiéis é parte dos deveres de um pastor protestante, para ouvir suas aflições, confortá-los na dor, fortificá-los na fé. Era o que ele deveria estar fazendo ali, naquela sala de visitas, mas nada disso estava na sua cabeça. Seus pensamentos andavam longe, muito longe, por lugares proibidos. Mas a culpa não era dele. Eram eles, a mulher e o marido, que o obrigavam a pensar aqueles pensamentos, indignos de um pastor.

Como ignorar sua realidade física? Ela era de tal forma poderosa que, entrando pelos seus olhos, penetrava na própria imaginação, dominava os pensamentos. Se tivesse talento para tal, pintaria um quadro. Veio-lhe à memória a tela de Grant Wood, *American Gothic*: marido e mulher, em trajes de trabalho, com faces puritanas, tendo ao fundo uma igreja protestante. A tela que ele pintaria seria muito parecida, só que, ao invés de marido e mulher, teria que ser mulher e marido. *Casal protestante*, um belo nome para uma tela...

Alguém dentro dele o acusava de indigno da vocação religiosa. Se os dois estavam ali conversando com ele e lhe oferecendo café com biscoitinhos de polvilho era porque acreditavam na sua cara de santo. Se suspeitassem que a cara de santo era uma máscara que escondia um bufão gozador, de olho no buraco da fechadura do quarto de dormir e curioso sobre o que aconteceria ali de noite, é certo que o botariam porta afora. Mas ele nada podia fazer. Os seus pensamentos estavam fora de controle...

Algumas pessoas já haviam desconfiado. Notaram qualquer coisa estranha, indefinível, no seu olhar e na forma como sorria. Ele não era como os pastores antigos.

"Reverendo, o senhor não tem cara de pastor...", alguém comentava, meio de brincadeira, em momentos de descontração.

Ele desconversava:

"E existirá, por acaso, uma cara certa para pastor?"

Existe. Pastor tem cara certa. Pastor de cara certa é aquele que só provoca pensamentos graves, santos e cheios de certezas nos fiéis. Antigamente, eles usavam barbas respeitáveis, colarinhos engomados, ternos pretos e relógios de ouro no bolso do colete. Ninguém se atrevia a imaginar o que eles, pastores, faziam na cama com a mulher. Que faziam, não havia dúvidas.

Testemunho disso eram os seus filhos, sempre numerosos. Mas o faziam com gravidade e com pensamentos voltados para os céus, não sem antes ler as Sagradas Escrituras e fazer oração. Por dever, sem prazer, como aconselhava o venerável santo Agostinho.

Uma palavra mais enfática faz o reverendo acordar do seu devaneio.

"Meu pai tinha tudo para ser crente", ela comenta com um sorriso. "Não fumava, não bebia, não jogava e não ficava fora de casa. Quando tinha tempo livre, fazia palavras cruzadas... O importante é nunca ficar à toa, pois cabeça vazia, bem dizia a minha mãe, é oficina do diabo..."

O reverendo pigarreia. Não sabe o que dizer. Diz o que ela esperava que fosse dito.

"Que exemplo magnífico de virtude! Seus pais devem ter sido muito felizes..."

O marido remexe-se na cadeira, descruzando e cruzando as pernas ao contrário.

"Se foram! Nunca vi os dois brigando. Meu pai acatava o que mamãe dizia e mandava que a gente obedecesse. Ela era crente; ele sabia que ela estava sempre certa..."

Ali, diante do reverendo, um exemplo magnífico do espírito matriarcal protestante. Espertos foram os católicos; aprenderam das histórias da Branca de Neve e da Cinderela que lugar de mãe perfeita é no céu. Os protestantes, coitados, sem mãe celestial a quem orar, acabaram por se condenar a obedecer às mães terrestres, madrastas. E até mesmo lhes criaram um dia santo, o dia das mães.

O marido de novo descruza e cruza as pernas, mas não diz nada. Parece que ele também aprendeu a lição de que a mulher está sempre certa.

Ela é sólida, atarracada, pernas musculosas, ancas retas, queixo saliente, buço generoso...

Ele é magro, boca de poucos dentes, olhinhos assustados de rato diante da cobra.

E o que perturba o reverendo são estes pensamentos indignos de um pastor: por mais que se esforce, não consegue imaginar os dois, na cama, num abraço de amor. Não consegue imaginar nem desejo, nem beijos, nem abraços, nem gemidos, nem orgasmos...

Ao final da visita, a oração obrigatória...

Logo depois, o marido foi internado no hospital. O que era costumeiro. Sofria de diabetes, mas não conseguia resistir à tentação de chupar uma bala. Impulso de autodestruição? Pode ser. Pode ser também que a bala fosse a única coisa doce que lhe restava.

Eram dez horas da manhã. O reverendo, no escritório, estudava o seu sermão para o domingo seguinte. Toca o telefone. Uma voz trêmula fala do outro lado.

"É o reverendo? É muito grave! Será que o senhor pode vir ao hospital, agora?"

Parece que o momento do desenlace está chegando. O reverendo toma a sua Bíblia e o pão e o vinho, para os últimos ritos. Lembra-se dos seus pensamentos e arrepende-se. Aquela voz trêmula era voz de uma esposa que sofria por amor. O amor, por vezes, esconde-se onde não se imagina. Pois não é verdade que há flores que crescem no deserto?

Compenetrado da gravidade do momento, o reverendo tranca o bufão obsceno na cela mais profunda da sua alma. Entra no quarto. Surpreende-se de ver que o marido não está agonizante. Debaixo do lençol que lhe cobre queixo e boca, lá está ele, com seus olhinhos assustados. A esposa gira a chave da porta, para garantir privacidade.

"Reverendo!", a voz treme de emoção. "Chamei o senhor aqui porque descobri que o João" – o tremor se transforma em choro – "está me traindo!"

O susto não teve tamanho. O bufão, de um salto, saiu de sua prisão e deu uma gargalhada enorme de felicidade – tudo, é claro, sob a proteção da máscara grave do reverendo.

"Malandrão, hein? E eu que ficava pensando no seu sofrimento, sem nada poder fazer. Seu jeito me enganou. Com esta cara de coitadinho, você ia tirando suas casquinhas, sem que ninguém soubesse! '*Pecca fortiter*', bem dizia Lutero, nosso pai..."

Era um sentimento de alegre cumplicidade, um perdão e uma bênção a um pecado no qual florescia uma virtude, o amor. Nem tudo estava perdido. O João ainda encontrava um jeito de amar...

O reverendo deixa de ouvir o bufão, pois a esposa começa a entrar nos detalhes:

"Pois é, reverendo, descobri dentro de um dos bolsos do João..."

O choro era muito, o nariz começou a pingar, o relato teve de ser interrompido para se enxugar olhos e nariz... Aproximava-se o momento da grave revelação. Que estaria dentro do bolso? Um bilhete, um retrato, um lencinho perfumado, uma camisinha?

"Descobri, dentro de um dos bolsos do João, um toco de cigarro!"

Suas palavras soavam finais, definitivas, como o som da trombeta do anjo do apocalipse. Finalmente, a prova irrefutável de que seu marido era uma fraude, não prestava como protestante. Pois todo mundo sabe que protestante não fuma, não bebe, não joga e faz palavras cruzadas no tempo vazio. E agora ela chamava o reverendo, como anjo do Senhor, para fulminar com voz terrível o pecador escondido debaixo do lençol, o marido que traía a esposa com um toco de cigarro no bolso do paletó.

O bufão, coitado, murchou. Ah! Como teria sido mais alegre se ele tivesse pecado! Como teria sido doce absolvê-lo... Mas como absolvê-lo de sua própria inocência? Há certas inocências para as quais não existe perdão.

O reverendo se recompõe do susto. Tenta acalmar a mulher. Explica que fumar não é tão grave assim. Que há pecados maiores, como a falta de amor. Recita textos bíblicos. Lembra-lhe que seu marido está doente e que essa cena pode agravar o seu estado. Inutilmente. Até que, num esforço supremo de vindicação da sua causa, ela explodiu:

"Tudo iria tão bem se ele me obedecesse..."

Aquelas palavras foram um murro na cara do reverendo. A adrenalina esguichou nas veias, virou um calor forte que subiu pelo peito, pelo pescoço, pela cabeça, e saiu pela boca como fogo. Se dependesse do manso reverendo, naquele exato momento mais uma pessoa seria lançada no Inferno. E pelo resto de sua vida não conseguiu se lembrar de descompostura maior que tivesse passado em alguém.

De volta para casa, abatido, pensando na imensa inutilidade de tudo o que ele pregava e fazia, quem o consolou foi o bufão:

"Mas você não percebeu o que aconteceu? Como os olhinhos de ratinho assustado se transformaram? Não percebeu como o medo virou riso? Se você tivesse parado e escutado, teria ouvido o que ele disse, baixinho, debaixo do lençol: 'Estou vingado. Foi buscar lã e saiu tosquiada...'".

Algumas semanas depois, o marido morreu. E o reverendo, lendo as graves palavras do ofício fúnebre, lá dentro imaginava onde ele estaria, coisas que nunca teria coragem de contar a ninguém. Imaginava que, onde quer que estivesse, estaria pitando seus cigarrinhos, sem precisar escondê-los no bolso do paletó...

O ENTERRO DA PERNA

Olhando pelo espelho retrovisor da Kombi, ele podia vê-la sobre o banco de trás, embrulhada em jornal e amarrada com barbante. Parecia estar rindo dele. E não era para menos. Aquele embrulho estava enfeitiçado. Tanto assim que foi só encostar nele para se ver transformado de príncipe em sapo. Meia hora atrás, saindo de casa, era santo guerreiro contra o dragão da maldade, profeta de Deus contra o monstro capitalista, Davi contra Golias. Sonhava acordado e imaginava-se no lugar do pastorzinho que, depois de jogar o gigante no chão com uma estilingada, cortou a sua cabeça com uma espada. Ah! que magnífico troféu! Mas, em vez da cabeça de um gigante do mal, o seu estava ali embrulhado num jornal: uma perna... O santo guerreiro fora rebaixado a agente funerário de segunda classe.

Por amor à causa, já se havia resignado a quase tudo. Que pensassem que ele era pau-para-toda-obra e o chamassem para apartar briga de marido e mulher, para dar conselhos para maridos que gostavam mais de beber cerveja e pitar escondido que de ler a Bíblia, que o convocassem para fazer oração em festinhas de aniversário em que se serviam biscoitinhos e refresco de groselha, que fosse arrancado da cama no meio da noite para acalmar loucos em crises de fúria, que tivesse de fazer prodígios para dissuadir pessoas desesperadas de gestos tresloucados, e que até convocassem a Kombi, e ele como motorista, para ajudar paroquianos em mudança de casa – tudo isso ele engolia com resignação, como quem bebe remédio amargo. Era o preço que tinha de pagar para que seus paroquianos ouvissem os seus sermões inflamados sobre a justiça social. O que não aguentava mesmo é que pensassem que ele era especialista em defuntos, que fora para isso que ele estudara cinco anos no seminário.

Detestava oficiar enterros. Vestido de preto e falando solene se sentia mesmo como relações-públicas de agência funerária. E não adiantava negar, porque a imagem estava refletida no rosto dos fiéis, que o olhavam com respeito e admiração infinitos: era ele quem tinha o know-how de como se desfazer dos defuntos com elegância, era ele que sabia as fórmulas mágicas para transformar o cheiro da decomposição em aroma celestial. Mas tudo isso era uma farsa, embora fosse verdade para os padres católicos, que andavam em batina preta e gostavam de ameaçar os pecadores com o fogo do Inferno. Ele, pastor protestante, sabia que, quanto às coisas do outro mundo, Deus já havia tomado as providências definitivas sobre o assunto, não sendo da nossa competência nos metermos nelas. Temos mais é de cuidar do mundo de cá, para a glória de Deus, travando batalhas com o demônio que anda solto, vestido de capitalista e falando com sotaque americano... Mas essas eram coisas que não podiam ser ditas. Se eles viessem a suspeitar, se qualquer sombra de dúvida aparecesse em sua voz, com certeza seria enviado para alguma congregação de roceiros, perdida num fim de mundo. E ele se consolava dizendo que, por amor à causa da transformação do mundo, um fingimentozinho como aquele não tinha maior gravidade moral. E era assim que engolia a imagem de pastor, como quem faz tabelinha com agente funerário...

"É o reverendo?", perguntara-lhe a vozinha feminina do outro lado da linha.

"Sim", respondeu solene, como convém a um servo de Deus.

"Aqui é do hospital. Tem uma perna aqui para ser enterrada. Será que o senhor pode vir buscar ela com a Kombi?"

A mocinha não podia imaginar o estrago que suas inocentes palavras podiam fazer no orgulho de alguém.

Se enterrar defunto inteiro já lhe era uma humilhação, que dizer dessa coisa insólita, nunca dantes acontecida. Enterrar uma perna? Enterro sem defunto, sem caixão, sem quem carregue, sem quem chore. Só ele e a perna. Até que isso poderia se transformar em cena de filme de Bergman. Bastaria que ele estivesse vestido de terno preto e colarinho clerical, que a Kombi fosse substituída por uma carreta fúnebre puxada por cavalos negros, e o relógio da igreja estivesse batendo meia-noite. Seria uma cena de arrepiar. As ruas da cidade totalmente desertas, a carreta de madeira com quatro rodas. O barulho dos cascos dos cavalos nas pedras do calçamento, o pastor assentado na boleia, as badaladas da meia-noite, e a perna... Mas o calor das três horas da tarde, sua camisa suada e a barulheira da kombi velha não permitiam que a cena tivesse qualquer dignidade metafísica.

Seu primeiro impulso fora responder com uma má-criação: "Eu não. Quem amputou que enterre". Mas logo refreou esse impulso arrogante. Lembrou-se de Dante: a soberba era o pecado do Diabo, imobilizado num bloco de gelo nas funduras do Inferno. Não acreditava, mas era impressionante. Acontece que isso não combinava com a sua imagem de santo guerreiro. De um lado, ele era são Jorge, montado em cavalo branco e de lança em riste. Mas, do outro, ele era são Francisco, humilde, manso, amigo dos pobres e dos animais, e cuidando dos leprosos com as próprias mãos. E o que ele disse foi:

"Já vou."

"A coisa não pode ser muito desagradável", ele dizia para si mesmo, enquanto guiava a Kombi. "Os hospitais devem ter formas dignas e próprias de tratar dessas coisas. O provável é que a perna esteja acondicionada numa caixa de papelão ou coisa semelhante, para que ninguém suspeite do seu conteúdo macabro."

"Aqui está a perna, reverendo", disse-lhe o enfermeiro de sorriso enigmático. E com essas palavras estendeu-lhe o embrulho de jornais amarrado com barbante que despudoradamente revelava o que estava dentro. Aquelas palavras soaram como uma ordem à qual ele obedeceu sem questionar. Estendeu seus braços num gesto automático e recebeu a perna que o enfermeiro lhe entregava. Nunca abraçara objeto tão estranho. Mas não tinha outro jeito, pois, se não o fizesse, a perna cairia ao chão... Agora estavam ali os dois sozinhos, ele e a perna, a caminho do campo santo. E era responsabilidade sua se desfazer dela com dignidade.

Não havia como negar que a perna era o seu primeiro troféu. Aquela perna era o ponto final de uma série de ações que começara num de seus sermões inflamados. Pregara sobre a parábola do rico e do mendigo: o rico se banqueteando diariamente, o mendigo com a perna coberta de feridas que os cães lambiam... O estômago se revira de repulsa. O rico foi para o fogo eterno e o mendigo foi para o céu. O corpo se contorce de medo. Argumento poderoso este...

O fato é que um grupo de senhoras piedosas e amedrontadas se apressou em colocar em prática o sermão do reverendo e trataram de enviar para o hospital municipal um mendigo que ganhava a vida exibindo sua perna feridosa pelas praças da cidade. Saído das caridosas mãos femininas que buscavam o céu, o mendigo caiu nas mãos cirúrgicas dos médicos que buscavam o seu. Foi curto o caminho para a amputação.

É claro que as bondosas senhoras conversavam agora sobre seu gesto filantrópico, certas de que o céu lhes estava assegurado. Seria uma história para ser contada muitas vezes e registrada em seus relatórios de benemerência. O mendigo, no hospital, privado do seu ganha-pão, estaria pensando pensamentos diferentes, e ele, reverendo, recusava-se a imaginar quais seriam.

De tudo isso sobraram-lhe a perna e seu destino indefinido, evento para o qual ainda não possuía palavra alguma. Seria próprio colocar, nas estatísticas a serem enviadas ao presbitério, junto aos números de ofícios religiosos, celebrações eucarísticas e visitas pastorais, este novo item: "Enterro de pernas: 01"? Perigoso, porque poderiam condená-lo por heresia. Haveriam de lhe perguntar sobre as bases teológicas e as normas litúrgicas que justificavam ato tão incomum. E ele nada teria para responder.

Por mais que se esforçasse, não conseguia lembrar-se de coisa alguma. Seus livros de teologia sabiam tudo sobre defuntos inteiros, mas nada continham sobre defuntos à prestação. Pois não era este o caso? Aquela perna não deixava de ser o pagamento inicial, sinal de uma transação definitiva, já acertada e garantida, da qual nenhuma das partes poderia se arrepender.

Alma tem perna? Mas que pergunta doida... E não havia como abandoná-la. Era a própria perna silenciosa que a fazia. E perna tem alma? Lembrou-se do Credo: "Creio na ressurreição da carne...". Se é o corpo inteiro, de carne e osso, que está destinado à ressurreição no Juízo Final, então é preciso concluir que o corpo inteiro está animado por esta entidade pneumática e levitante que se chama alma. De repente, o embrulho de jornal ganhava dignidade teológica. Não poderia ser tratado como uma coisa qualquer. Surpreendeu-se de que estivesse se entregando a essas divagações abstratas, pois fazia muito tempo que só pensava na práxis revolucionária. E não poderia haver coisa mais insignificante para a causa que uma perna amputada de mendigo. Engatou uma segunda. Sentiu a firmeza de sua perna apertando a embreagem. Imaginou como seria ver a própria perna separada do corpo, sobre a mesa. Mas logo tirou o pensamento da cabeça. Voltou à teologia. Onde estaria a parte da alma que pertence a esta perna? Teria ficado no corpo, como um apêndice espiritual desencarnado, chorando a ausência do pedaço que lhe fora arrancado? Ou teria deixado o corpo, junto com a perna, vagando agora solitária e sem rumo pelos espaços vazios, como uma tela surrealista? Olhou para o céu e procurou alguma nuvem com a forma de perna. Não encontrou nenhuma. Olhou para seus próprios pensamentos e procurou alguma ideia para dizer no sepultamento. Não encontrou nenhuma.

Aproximavam-se, ele e a perna, do cemitério.

Passava um pouco das cinco, hora preferida para os enterros. O fim da tarde, o sol se pondo, aquela tristeza no ar são metáforas poéticas da nossa própria vida. Enterra-se às cinco para que o enterro fique belo e triste como o pôr-do-sol... Parou a Kombi. Entrava um enterro, padre na frente, paramentado, livrinho aberto onde estavam as palavras sabidas e repetidas. O ataúde de madeira era gravemente empurrado pelos pranteadores, na direção da última morada. O bando caminhava em procissão. Um enterro a mais, como todos os outros, sem novidades. Os enterros são todos iguais. Não, o enterro de uma perna é diferente. Pranteadores dispersos voltavam, andando na direção contrária à do enterro que entrava. Já se haviam despedido do seu morto. Tanto nos que iam quanto nos que vinham havia o mesmo ar de dignidade e de resignação, apropriado àqueles a quem a morte golpeia.

Olhou para trás. Lá estava a perna no seu embrulho de jornal e amarrada com barbante. Haveria alguma dignidade nela? Teve vontade de fugir, de jogar a perna em qualquer lugar, num buracão de lixo, numa estrada deserta. O santo guerreiro arrastava-se mais baixo que qualquer agente funerário sem emprego. Mas era inútil. Não poderia abandoná-la naquele momento supremo. Fosse o que Deus quisesse... Abriu a porta traseira da Kombi, tirou dela a perna em sua mortalha de jornal, abraçou-a, não só para que não caísse no chão, mas porque já se haviam tornado bons amigos... e começou uma solitária jornada, passos vagarosos, cheios de dignidade, pela alameda central do cemitério. Aos olhares dos pranteadores, cujo pranto era interrompido pelo espanto, explicava com voz pausada e grave, própria de alguém que conhece os segredos da morte:

"Uma perna, para o sepultamento cristão..."

Com mãos firmes e palavras claras de alguém que sabe o que está fazendo, abriu seu livro de ofícios fúnebres, e começou:

"O Senhor a deu; o Senhor a tirou. Bendito seja o nome do Senhor. Queridos irmãos: estamos aqui reunidos para devolver à terra a perna de um nosso irmão ausente..."

O coveiro, solene, escutava em silêncio as palavras sagradas que saíam da boca do reverendo e enchiam o espaço crepuscular do cemitério. Já as havia ouvido vezes incontáveis e quase as conhecia de cor.

"E agora devolvemos esta perna à terra, até a ressurreição do último dia, enquanto a sua alma retorna a Deus, que a criou, para o descanso reservado aos justos." Com tais palavras, fez o gesto sobejamente conhecido de todos os coveiros. Chegara a hora de o morto ser baixado à sepultura.

Finalmente, estava tudo terminado.

"Eu podia jurar que enterro protestante era mais comprido. Este acabou depressa...", disse o coveiro ao se despedir do reverendo.

"De fato é mais comprido", confessou o reverendo. E explicou: "Mas enterro de uma perna só pode ser um quarto do ofício inteiro. Quando vier o resto do corpo, vou ler os outros três quartos do ofício que eu pulei...".

ESTÓRIA QUE ELE ME CONTOU

Ele era pastor de uma grande igreja protestante. Suas ovelhas o viam como se fosse o santo guerreiro contra o dragão da maldade. Todos o contemplavam com admiração. Era um homem puro, sem pecados, casado, com dois filhos adolescentes.

Mas sua armadura vacilou. Amou de forma apaixonada uma mulher que não era a sua. Transgrediu o sétimo mandamento. Pecou. Mas estava decidido.

Convocou o conselho da igreja, relatou o que estava acontecendo e pediu a sua destituição. Chamou sua mulher e filhos e informou-os da sua decisão. Estava resolvido a viver sua paixão.

Deixou tudo e foi viver com sua amada. Mas o romance durou pouco. Passado o primeiro fogo, vinha-lhe a memória da sua esposa e dos seus filhos... E, aos domingos pela manhã, lembrava-se da igreja cheia e ele sendo olhado por todos com olhos de adoração. O fogo esgotou-se. Veio a monotonia. E a paixão se transformou em raiva. Raiva de si mesmo, por sua estupidez. E raiva da mulher que o levara a tal loucura. Ela não era culpada... Ela também estivera apaixonada.

Resolveu voltar para a família sem esperanças de ser perdoado. Mas ninguém o amaldiçoou. Sua esposa o recebeu alegre.

Mas a grande surpresa veio do que lhe disseram os filhos: "Pai, é bom saber que você é igual à gente...".

Mas agora ele não mais era o santo guerreiro. Não havia retorno para o pastorado da sua igreja.

Essa estória foi ele mesmo que me contou. Procurou-me para desabafar – talvez na esperança de que eu tivesse algum conselho a oferecer. Mas não havia o que fazer a não ser escutar.

Se ele me tivesse procurado antes, eu lhe teria dito:

"Você vai se juntar a esse amor porque o seu casamento está podre?"

Ele me responderia: "Não. Meu casamento não está podre. Vou pela paixão...".

Eu lhe diria então: "Se o seu casamento estivesse podre eu abençoaria sua decisão de partir para um novo amor. Mas se você vai partir movido pela paixão, não vá. A paixão – deliciosa – tem vida curta...".

UM SERMÃO

Eu era um bom pregador. Com frequência me convidavam a pregar em outras igrejas. Mas as ideias que eu retirava dos textos bíblicos eram ideias novas e insólitas que frequentemente causavam susto e perturbavam.

Há um ditado da tradição judaica que diz algo mais ou menos assim: "O rabino cuja congregação não deseja expulsá-lo da cidade não é um verdadeiro rabino".

As igrejas que me convidavam nunca tentaram me expulsar da cidade, mas, ao final dos meus sermões, estavam convencidas de que eu era um herege. Eu falava coisas que nunca tinham ouvido. Eu lia a Bíblia à procura de *koans*... E os *koans* provocam sempre quedas naqueles que os ouvem.

Cansei-me dessa situação. Eu queria pregar sem que ninguém levasse susto. Queria pregar e deixar todo mundo feliz. Tomei, então, uma decisão: "Na próxima vez que me convidarem, vou pregar um sermão pra ninguém botar defeito. Pregarei sobre as crianças". Todos sorrirão felizes.

Aí uma igreja presbiteriana de São Paulo me convidou. Li as palavras de Jesus: "E se vocês não mudarem suas maneiras de sentir e pensar e não se transformarem em crianças, jamais entrarão no Reino dos Céus...".

Aí falei sobre as crianças. Jesus disse que as crianças são o símbolo do que devemos ser. Tão diferentes dos adultos duros que vivem para trabalhar, as crianças vivem para brincar. Jesus está dizendo que o objetivo da vida é que nos transformemos em crianças brincantes...

Aí, para dar substância teológica à minha retórica poética, invoquei o que existe de melhor na tradição protestante: justificação pelas obras (posição católica) por oposição à justificação pela graça (posição protestante). Trabalho é justificação pelas obras, coisa católica. Brinquedo é justificação pela graça, coisa de protestantes. Terminei o meu sermão certo de que todos haviam compreendido e estavam felizes.

Engano. A reação de indignação fez um barulho de erupção vulcânica. Fui acusado de corruptor da juventude, pregador de irresponsabilidade e vagabundagem... Onde já se viu dizer que o objetivo da vida é brincar? Todo mundo sabe que o objetivo da vida é o trabalho! O trabalho enobrece a alma etc., etc., etc.

Daí para a frente, em qualquer igreja onde eu fosse pregar, lá estavam os inquisidores com gravadores para colher mais provas das minhas heresias.

A JARDINEIRA

Pra quem não sabe, jardineira nada tem a ver com jardins nem com aquela marchinha de carnaval "Ó jardineira, porque estás tão triste...". Jardineiras eram antepassadas dos ônibus; dinossauros que hoje só se veem em museus.

Eu viajava de jardineira para visitar os fiéis das cidades próximas. Aprendi, por meio de uma dura experiência, que poderia viajar em qualquer dia da semana, menos nas segundas-feiras. Naquele dia, a jardineira era tomada por cheiros incompatíveis com os meus costumes olfativos. O que acontecia era o seguinte: o pessoal da roça, cansado dos duros trabalhos na lavoura, vinha para a cidade aos domingos pra se divertir. Divertir era ir à missa, chupar picolé, assentar-se na praça, comer pipoca, namorar e, de noite, ir dançar num arrasta-pé. Dançavam a noite inteira. Era preciso aproveitar todos os momentos. Do arrasta-pé iam direto para a jardineira. Estavam sujos, o que não importava tanto, e suados, o que importava muito. Viajei uma vez na jardineira de segunda-feira. Aprendi. Não repeti.

Viajar de jardineira era uma experiência feliz. O horário era no mais ou menos. O Paulo, dono da jardineira, conhecia todo mundo, punha as malas e sacos no bagageiro, fazia fiado e parava em qualquer lugar.

Ia a jardineira pela estrada de terra, por curvas, lombadas, mata-burros e pontes... Lá longe na estrada uma velhinha enrugada, magra e encardida esperava. Fez sinal para que a jardineira parasse. Parada a jardineira, o Paulo abriu a porta para que ela entrasse. Ela não entrou. Ela não queria tomar a jardineira. Levantou com a mão direita um franguinho que trazia escondido nas costas e disse: "Vassunceis num qué compra um franguinho?". Velhinha inteligente. Sabia onde encontrar os fregueses: na jardineira do Paulo. Mas, para desapontamento dela, ninguém quis comprar o franguinho. Era muito arriscado levar um franguinho ao colo...

Mês de fevereiro, mês da enchente das goiabas... Os pastos estavam verdes por causa da chuva e os campos cheios de goiabeiras carregadas de goiabas amarelas, maduras, todas elas cheias de bichos brancos que, segundo juízo da sabedoria popular, bicho de goiaba goiaba é, e há de se comer a goiaba sem olhar.

Súbito, sem que houvesse velhinha alguma na estrada vendendo um franguinho, o Paulo deu ordem ao motorista que parasse. A jardineira parou sem razão aparente. O Paulo se levantou na frente e disse: "Pessoal, todo mundo no pasto catando goiaba". Todo mundo desceu, conversou, riu e comeu goiabas sem olhar...

EU NUNCA QUIS CONVERTER NINGUÉM

Todos os empregados de empresas vivem no torniquete da produção. Os vendedores têm de vender, os bancários têm de conseguir novas contas, os corretores de seguros têm de conseguir novos clientes. Acontece o mesmo com as igrejas, que são empresas produtoras de bens espirituais que devem atingir novos clientes. Um pastor tem de "ganhar" novas almas. Esse é um dos itens dos relatórios anuais que eles têm de preencher.

Eu fui um fracasso. Nunca pensei em converter ninguém. Eu pregava, era um bom pregador. O poeta Regis de Moraes, que naquele tempo era aluno interno no Instituto Gammon e se dedicava ao violão e ao assobio (Ah! Ouvir o assobio do Regis, que mais parecia oboé, improvisado e acompanhado ao violão, era um deleite...), confessou-me que ia à igreja ouvir os meus sermões só para apreciar o uso que eu fazia da segunda pessoa do plural sem nunca me enganar: vós fostes, vós pensáveis, vós prometestes... Tudo era solene.

Mas o que eu tinha na cabeça não era a conversão de ninguém. Essa coisa de converter o outro...

Lembro-me da primeira vez que compreendi isso. Eu estava no seminário, tinha uns dezenove anos. Estava hospitalizado por uma cirurgia de apendicite. Uma freira já bem velha – devia ter a idade que tenho hoje – foi me visitar e perguntou-me se eu desejava comungar. Meio sem jeito, disse-lhe que eu não era católico, era protestante. Ela sorriu e disse: "Então vai ser mais bem tratado ainda...".

O sorriso da freira me fez pensar. Ela havia dado a sua vida inteira por ideias que, do meu ponto de vista, não passavam de tolices. E me perguntei se eu teria o direito de roubar-lhe as tolices que davam sentido à sua vida.

O PREGADOR

Detesto a palavra "eloquência". Se fui eloquente num período da minha vida foi por imitação. Com a idade, abandonei a sonoridade dos tambores e taraus e me entreguei à música das clarinetas sinuosas. Hoje sou um contador de casos. Uma vez recusei um convite para fazer uma palestra só porque, no convite, pensando que ia me elogiar, o convidante se referiu à minha conhecida eloquência. Ele nunca me ouvira. Eloquência é recurso sonoro que se emprega quando falta a mansidão da verdade...

Eu não me deixava perturbar nem mesmo pelo senhor Manoel, que era de opinião contrária, não gostava dos meus sermões e, assentado no banco da segunda fileira, aproveitava a minha prédica para cortar as unhas com um trim: tec, tec, tec... Eu fazia umas pausas longas para que o tec tec do seu trim soasse mais alto e solitário no silêncio e ele se mancasse. Inutilmente. Eu olhava com um olhar implorante para a esposa, esperando que ela entendesse e o cutucasse. Mas não adiantava. Ela estava tão acostumada com o trim do marido que nem mais ouvia o tec tec. Sempre me perguntei: por que o senhor Manoel escolhe precisamente essa hora sagrada para cortar as suas unhas? Como psicanalista, aventei a hipótese de que a hora sagrada fosse a hora em que o lobo que morava nele arreganhava as unhas. E era por isso que ele as cortava, para que o lobo não saísse... Passei a interpretar o tec tec do trim do senhor Manoel como um ritual de exorcismo. Isso me confortou.

Meu ofício de pregador parecia-se com o ofício de filósofo de Wittgenstein. Ele explicou que seu ofício, a filosofia, era "uma luta contra o feitiço que certas expressões exercem sobre nós...". Palavra enfeitiça. E palavra quebra feitiço. Eu pregava para quebrar os feitiços verbais que prendiam os ouvintes. Os fiéis eram moscas presas nas teias de muitas palavras, muitos sermões, muitas doutrinas, muitos terrores. Uma companheira de hidroterapia me contou que, menina de 6 anos, ela se preparava para a primeira comunhão. E a catequista ensinava: "É preciso obedecer os mandamentos para não ir para o Inferno. No Inferno há o fogo, os caldeirões, os tridentes do Diabo. E as almas penadas gritam: 'Quando sairemos deste lugar?'. E uma voz sinistra respondia: 'Nunca mais, nunca mais...'". Besteira? O fato é que ela ficou enfeitiçada. Tinha terrores noturnos que não a deixavam dormir.

Sermões são feitiços, arapucas de pegar pássaros voantes a fim de engaiolá-los. Empregado numa empresa religiosa de engaiolar pássaros, eu era um inimigo disfarçado infiltrado que, às escondidas, abria as portas das gaiolas para que os pássaros voassem. Pregava e ensinava inspirado nas palavras do Bernardo Soares, que eu ainda não havia lido: "Dizer uma coisa é conservar-lhe a virtude e tirar-lhe o terror".

"Ele, na frente, falava, e, atrás, a sorte corria..." Assim escreveu a Cecília no seu *Cancioneiro da Inconfidência*. Quem vai falando na frente não vê o que está acontecendo atrás...

A vida corria mansa. Passava por sermões, infidelidades, fugas, castelos, enterros, jardineiras, presbíteros turrões, goiabas bichadas e velhinhas mansas... Era o que acontecia na paróquia, o pequeno espaço à volta da casa onde se mora. Uma paróquia é apenas uma casa no jogo de xadrez.

Mas havia uma outra igreja, o tabuleiro inteiro, os concílios, os poderosos, a rainha, as torres, os bispos e cavalos se movimentando preparando o xeque.

A igreja sempre cuidara dos moços, essas crianças grandes de cabeça vazia que só querem se divertir. A igreja lhes dava brinquedos, brincadeiras de salão aos sábados, refresco de groselha, bailes jamais – são rituais sexuais –, piqueniques, retiros de carnaval para separá-los das tentações da carne, tudo sob o olhar vigilante do pastor. Os moços são um rebanho inocente e bobo que deve ser vigiado. O pastor os vigia para que nada errado aconteça, para que casem virgens e tenham filhos depois de nove meses, e a mesmice os faça amadurecer, e frequentem a igreja, e acreditem no que diz o pastor sem fazer perguntas. Assim, todos balirão juntos e iguais e haverá paz.

Orozco, muralista mexicano, pintou um mural chamado *A formatura*: o professor, visto em ângulo por trás, alto, magro, esverdeado, entregando o diploma ao aluno, igual a ele, um pouco menor, alto, magro, esverdeado, e o diploma sendo um tubo de ensaio com um feto dentro. Formatura. Mas é o que acontece com cada geração que vai repetir aquela que a antecedeu.

Mas Shaull, como Zaratustra, havia despertado muitos cabritos monteses nos rebanhos, e as ovelhas começaram a seguir os cabritos monteses e os pastores ficaram enfurecidos por se verem roubados das ovelhas que seguiam a voz de um estranho porque a voz dele era mais bonita que as cantilenas batidas que os pastores tocavam com suas flautas por não saberem outras. Elas seguiam o estranho porque ele lhes ensinara as canções das montanhas aonde só os cabritos vão.

A Igreja se antecipou. Sete anos antes do golpe militar, a Igreja deu o seu golpe. Com isso, ela anunciou o futuro que viria. O que importava era fazer calar a linguagem nova.

No seminário, tirou-se dos formandos o direito de fazer o discurso de formatura. Pois havia o perigo de que o orador, deixando de lado a partitura com os balidos tradicionais, se pusesse a cantar as canções das montanhas...

E o jornal *Mocidade*, que anunciava a luta por um novo mundo, foi fechado.

E os jovens que lideravam os moços foram destituídos e no seu lugar foi imposto um pastor velho de pensamentos antigos e olhar vigilante. Sua missão seria trazer as ovelhas desgarradas de novo às pastagens antigas.

E tudo voltou a ser o que tinha sido.

Foi então que me foi oferecida uma bolsa de estudos no Union Theological Seminary de Nova York. Aceitei.

NOVA YORK

O Union Theological Seminary estava localizado entre a Broadway Avenue e a Claremont Avenue, num quarteirão que ia da rua 116 à rua 120.

Olhando de frente para o norte da ilha de Manhattan, ao lado direito, atravessando a Broadway, estava a Universidade de Columbia, mais abaixo, o Seminário Judaico, e, mais longe, o Hospital São Lucas. Nessa região havia muitas igrejas de negros, todos elegantíssimos, os homens de terno impecável e gravata, e as mulheres com vestidos chiques e chapéus. Nessas igrejas, a música era diferente. Os negros cantam diferente.

Ao lado esquerdo, o rio Hudson, largo, manso e azul. Olhando para o rio, erguia-se a Riverside Church, que fazia soar seus carrilhões aos domingos pela manhã. Foi do seu púlpito que Harry Emerson Fosdick pregou o seu evangelho liberal, que horrorizou os fundamentalistas.

Também olhando para o rio erguia-se o Interchurch Center, humoristicamente apelidado de "Vaticano Protestante" porque ali se encontravam os escritórios de uma infinidade de denominações. Era um sonho ecumênico romântico, uma Torre de Babel ao contrário; a esperança da compreensão entre os cristãos haveria de se realizar por meio da arquitetura: líderes de denominações diferentes juntos trabalhando no mesmo prédio, juntos tomando suas refeições no mesmo restaurante do mesmo prédio, juntos se alegrando e se confraternizando nas mesmas festas no mesmo prédio, juntos rezando na mesma capela do mesmo prédio... A convivência fraterna no mesmo espaço haveria de convencê-los da tolice das separações. "Se fazemos tudo juntos, no mesmo espaço, por que estamos separados em nossas denominações?" Aí, então, aconteceria o Pentecostes: o Espírito Santo tornaria todas as línguas uma mesma língua e as denominações se abraçariam...

Ao norte, a partir da rua 125, estava o Harlem, o mundo negro onde os brancos se sentiam estranhos.

Ao sul, a Estátua da Liberdade, a Times Square, Wall Street, os teatros onde aconteciam os grandes espetáculos, os cinemas pornô frequentados por velhos decadentes, e a surpreendente e deliciosa Greenwich Village, que acordava ao fim da tarde e cujas ruas borbulhavam com artistas, restaurantes, cafés, bares. Foi num bar da Village, numa mesa de madeira onde muitos haviam deixado seus nomes gravados a canivete que tomei um cappuccino pela primeira vez.

O seminário era um prédio muito grande, em estilo gótico, um labirinto de salas, escadas, corredores e túneis. Era fácil se perder. Até o presidente do seminário se perdeu uma vez e teve de pedir informações para chegar ao seu destino.

Era o centro mundial do protestantismo liberal. Protestantismo liberal é o protestantismo sem dogmas ou certezas, que respeita a razão. Ali se encontravam os luminares da *intelligentsia* protestante, e também os católicos eram bem-vindos. Não havia diferenças entre protestantes, católicos e ortodoxos.

Ninguém possuía a verdade. Só havia uma busca comum. Lá estavam Paul Tillich, Reinhold Niebuhr, Paul Lehmann. Pensei até que o UTS poderia ter adotado como seu moto a frase que Kant colocou no seu manifesto *O que é o iluminismo?*: "Ouse saber!". Sendo uma instituição livre, sem ligações com grupos confessionais, não havia guardas do pensamento, nenhuma ortodoxia a ser respeitada. O coração do seminário era a ética, em especial a ética social e política.

Conheci, então, um protestantismo diferente, rico, amante da beleza e livre para pensar. E, como bônus lateral, a permissão para o vinho, o uísque, o cachimbo, os charutos e os cigarros e a dança... Em anos posteriores, quando da revolução cultural, outros bônus foram sub-repticiamente acrescentados...

Eu fora convidado para fazer parte de um grupo de futuros líderes eclesiásticos do mundo todo que viveriam e trabalhariam juntos por um ano no Program of Advanced Religious Studies (PARS), um nome pomposo para uma coisa simples.

A ideia era a mesma: não havia razões doutrinais substantivas para que houvesse tantas igrejas e denominações. As divisões se mantinham apenas pelo fato de que seus líderes não se conheciam. Então, se esses líderes fossem colocados juntos, num mesmo lugar, por um certo período de tempo, eles se tornariam amigos e as separações denominacionais e eclesiais se curariam não pela teologia, mas pela amizade.

O criador do programa, Henry Pittney van Dusen, também presidente do UTS naquele ano, era um homem de presença dominante, nariz aquilino e fala fascinante.

Lá estávamos nós, pretensos futuros líderes das igrejas! Japão, Índia, Gana, Austrália, Chile, Filipinas, Holanda, Noruega, Dinamarca...

Talvez não seja certo dizer "gostei mais deste"... Vou então dizer de outra forma: o colega que provoca minhas memórias mais ternas se chamava Christian Böttern. Era pastor de uma paróquia luterana na Dinamarca. Me pergunto se as paróquias da Dinamarca se parecem com aquela de *A festa de Babette*... Ele se parecia com um anão de bochechas rosadas, destes que ilustram livros de contos de fadas. Tinha um sorriso permanente no rosto e jamais abandonava o seu cachimbo. Perguntei-lhe um dia se ele entrava no chuveiro com o cachimbo ou se largava o cachimbo do lado de fora. Ele não respondeu. Só deu uma risadinha enquanto soltava uma baforada. Só depois fiquei sabendo que em certos países da Europa o ritual de banho só acontece semanalmente, o banho diário sendo visto como gasto desnecessário de água. Sendo assim, o tempo de separação entre ele e o cachimbo, por semana, seria muito menor que o tempo de separação, no caso de os banhos serem diários. Ele sofria menos do que eu pensava...

Acreditava com a pureza de uma criança nos ritos e costumes da sua Igreja. Não tinha problemas intelectuais. Deus estava nos céus. Tudo estava certo na terra. Seu pensamento não processava mudanças. Estava em paz consigo mesmo, com a sua Igreja, com a vida. Talvez isso fosse resultado do cachimbo. Fumar cachimbo é tranquilizante. Essa questão de ecumenismo não ocupava o seu pensamento. Nem sei se ele a entendia. Eu creio que ele foi para o PARS só pra passear...

Naqueles anos, eu era periodicamente atacado pelo medo de morrer. Em Nova York, a morte ficava mais séria porque eu morreria sozinho. O medo vinha misturado com saudade. Era uma tarde fria de outubro, eu caminhava com o Kunio Goto, meu amigo japonês que morava no mesmo apartamento que eu.

E contei-lhe do meu medo. Aí ele me aplicou um *reductio ad absurdum*.

"Você já imaginou o oposto? Já imaginou o terrível que seria não poder morrer? Viver para sempre, sem descanso..."

Num outro dia, quatro da tarde, eu estudava, e Kunio Goto bateu à porta do meu quarto.

"Rubem, *let's go down and pray*!"

Pensei: que haverá de errado com o Kunio? Quer descer para rezar na capela a estas horas... Deve ser algo muito grave. E fiquei sem saber o que dizer. Ele insistiu:

"*Let's go down and pray ping-pong...*"

Para quem não sabe inglês: *pray* é rezar. E *play* é jogar. Acontece que os japoneses não conseguem falar o L...

Nova York é um circo. Circo é um lugar de assombros: gigantes, anões, mulheres com barba, equilibristas, trapezistas, engolidores de espadas, comedores de fogo, palhaços... Tudo é assombroso.

O assombro acontece quando a gente se encontra com aquilo que não é comum. O assombro interrompe a normalidade da vida. Nos circos, os assombros acontecem em lugares predeterminados e nas horas certas.

Nova York é um circo porque é um lugar de assombros. Só que ninguém se assombra, ninguém se detém para ver com olhos arregalados e boca aberta. Porque, ali, o assombroso pertence à normalidade das ruas e das praças.

Fazia poucos dias que havíamos chegado, eu e alguns colegas. Estávamos na calçada, na entrada do edifício onde moraríamos por nove meses, jogando conversa fiada fora.

Foi então que o assombro virou a esquina. Não havia dúvidas de que se tratava de um assombro, tanto assim que interrompemos a nossa conversa e todos nos viramos na sua direção para vê-lo.

Era uma figura imponente, caminhava com o rosto ligeiramente voltado para o alto, tinha uma mitra dourada na cabeça, uma gorda barba ruiva, vestia uma batina preta com uma faixa vermelha na cintura e levava na mão direita um báculo, aquele longo cajado que termina em curva, símbolo da autoridade episcopal. Vinha andando com o rosto ligeiramente voltado para cima. Caminhava com passadas cadenciadas e solenes. Aprendi depois, no convívio com ele, que lá, onde vivia, a pressa não existia. Eram as suas passadas que determinavam o tempo.

Aproximou-se consciente da sua dignidade e perguntou num inglês com sotaque pesado se aquele era o prédio onde iriam viver os membros do PARS. Ele seria um dos membros daquela comunidade. Confirmamos. Intimidados com a sua imponência e sua aparência assombrosa – era evidente que ele vinha de um outro mundo, que vivia num outro tempo –, alguém lhe dirigiu a palavra e perguntou como devíamos tratá-lo. Tudo na sua aparência dizia que ele era merecedor de um tratamento diferenciado. E ele, como se estivesse falando a coisa mais natural do mundo, respondeu: "Simplesmente chamem-me de Sua Santidade".

Era o arcebispo Dionysius Jajawi, da Igreja Ortodoxa do Líbano. Era a primeira vez que saía do seu mundo eclesial. Durante toda a sua vida, ele andara por mosteiros, corredores, claustros, igrejas e celebrações.

Era cordial e sorria. Ele entendia as palavras que falávamos. Mas não entendia o que elas queriam dizer. Ficava confuso com nossas conversas teológicas. E sempre, para pôr um fim às diferenças intelectuais que o aborreciam, ele enfiava a mão no fundo bolso da batina e de lá tirava um livro gordo de capa de couro marrom, do qual nunca se separava. No livro estava condensado todo o saber teológico. Ele abria o livro, procurava a passagem relevante e nos lia com expressão de triunfo. Desde muitos séculos, as respostas às nossas perguntas já se encontravam lá. Se tínhamos dúvidas, era só perguntar. O seu livro de capa de couro tinha as respostas.

Mas algo grave aconteceu. Não com a cabeça fixa do arcebispo, mas com o seu coração. Muitas jovens do seminário vinham nos servir o jantar. Lembro-me da sedutora Sandy, de rosto angelical, que me despertava comoções... O arcebispo deitava-lhe uns olhos lassos que não iam daí porque ele ignorava as regras para se aproximar de uma mulher. E às quintas- feiras, depois do jantar, havia um baile onde todos dançavam e pulavam.

Num desses bailes, percebi que o arcebispo Dionysius Jajawi, da Igreja Ortodoxa do Líbano, estava perdido. Ele pulava como um adolescente, a gorda barba ruiva voando. E eu vi o impensável: ele havia tirado o gorro sagrado, garantia da sua nobreza e santidade, e estava com a cabeça nua. E, enquanto pulava, o moleque arcebispo soprava uma língua de sogra...

Anos depois, o Christian Böttern me escreveu. Contou-me que o arcebispo lhe escrevera com uma consulta. Queria saber da possibilidade de ganhar a vida ensinando francês na Dinamarca. Depois de nove meses de convivência conosco, ele deixou de acreditar que era "Sua Santidade" e, com isso, se perdeu. Não sabia mais quem era. De uma coisa estava certo: deixara de ser o arcebispo. Queria ser um simples professor de francês.

Quando voltei ao Union anos depois, fui informado de que Henry Pitney van Dusen havia se suicidado. Ele tivera um derrame, ficara com os esfíncteres soltos. E perdera a capacidade de falar, que era um dos seus dons e alegria. A vida estava muito feia. E a sua companheira – a vida – era só de sombras. Não fazia sentido continuar a viver daquela forma. Resolvera então partir. A meu ver, essa é a mais alta expressão de liberdade, quando alguém diz: "Já vivi. É hora de partir".

Vários dos meus amigos partiram voluntariamente. Todos eles eram bonitos. Não conheço nem um caso de uma pessoa desprezível que tenha se suicidado. Talvez porque lhes falte o senso da estética.

O telefone do meu apartamento tocou. Era o Jack Housley, coordenador do PARS. "Rubem, o presidente Kennedy acaba de ser baleado..."

Aquela bala atravessou o coração de todos os americanos. Dor e espanto. O tempo congelou. Os relógios cessaram de dizer as horas. O que estava sendo feito foi interrompido. As pessoas pararam. Os que estavam nas ruas entraram. Os que estavam nos metrôs saíram. Os carros voltaram ao estacionamento. Os destinos deixaram de existir. Parou o país. Ferido o pastor, as ovelhas correram em pânico. Mas as imagens – o prédio do hospital, os corredores internos, médicos e enfermeiras correndo, o silêncio, e tempos em tempos uma palavra inútil, o ruído da respiração e o pulsar do coração, sussurros – não contavam a tragédia que havia por detrás delas.

Até que veio a notícia: o presidente Kennedy estava morto.

A tragédia, quando bate, nos reconduz ao abandono e à impotência. O gesto de um louco faz um mundo chegar a um fim. "Onde estava Deus?" Com a morte de Kennedy, um mundo chegou ao fim.

Perdidos, os homens procuram os lugares sagrados. Os templos.

"O que existe de mais sagrado num templo", disse Miguel de Unamuno, "é o fato de ser o lugar aonde se vai chorar em comum. Um Miserere cantado em coro por uma multidão açoitada pelo destino vale tanto quanto uma filosofia."

No seu livro *A origem da tragédia*, Nietzsche observou que os gregos, que tinham um profundo senso da tragédia, conseguiram triunfar sobre ela transformando-a em beleza. Nos templos, as tragédias podem ficar belas. Não, nos templos a tragédia não é explicada; ela não deixa de ser tragédia. Mas a beleza a toma nas suas mãos e ela perde o poder de nos destruir. Se a minha memória não me trai, Rainer Maria Rilke tem um verso mais ou menos assim, nas *Elegias de Duíno*: "E o que é o belo senão o terrível que contemplamos e que não pode destruir-nos...".

Os templos se encheram. Até mesmo os ateus foram para lá. Diante da tragédia, até os ateus dizem o nome de Deus.

Não me esqueço: a capela gótica iluminada por velas, os rostos de perplexidade e dor, o silêncio. Os únicos sons que a tristeza permitia eram os sinos, o órgão, e o cântico da congregação inteira: "*For all the saints who from their labor rest...*".

Eu tinha muita saudade. Os apaixonados pensam que a saudade é uma emoção do tempo: quanto mais o tempo passa, mais cresce a saudade. Mas eles estão enganados. A saudade é emoção do espaço. Saudade tem a ver com o longe, a impossibilidade do abraço. Quando a separação acontece, a saudade penetra como uma lâmina, instantaneamente. Ela penetra lancinante mesmo quando quase nenhum tempo se tenha passado.

Doía muito e por várias vezes pensei em arrumar as malas e voltar. Eu me perguntava se valia a pena tanto sofrimento. Não voltei por razões racionais. Pensei que duas semanas depois de minha volta eu estaria me odiando...

Fiz um calendário regressivo e coloquei na parede do meu quarto: 270 dias. Diariamente eu eliminava um dia e fazia o cálculo de quantos faltavam.

Um outro ritual de saudade era descer até a Times Square e lá, perambulando por lojas, comprar uns presentinhos. Pegando os presentes, eu pensava que o dia em que os entregaria com muitos risos chegaria.

Tenho no meu quarto uma tela de Vermeer (1632-1675) de que gosto muito. Ele se chama *Mulher com uma carta*. É uma mulher de pé, grávida de aproximadamente sete meses, lendo uma carta. O observador distraído pensará que o objeto central da tela é a mulher. Mas não é. É a carta. A função da mulher no quadro é segurar a carta. O sentido da tela terá de ser adivinhado por aquele que observa, porque o artista não o pintou. Quem terá enviado a carta? Com certeza o marido da mulher grávida. Onde estará ele? O mapa-múndi no fundo da tela sugere que ele é um navegador. Está muito longe, nalgum mar... Mas, naqueles tempos longínquos, quando as viagens por mar duravam muitos anos e estavam cheias de naufrágios, as cartas levavam muito tempo para chegar ao seu destino. A tela pinta a mulher no dia em que a carta chegou. Ela lê a carta. Para quê? Para saber as notícias? Mas as notícias que estão na carta já são velhas... É mesmo possível que o navio onde estava o seu marido tenha naufragado. Não, as cartas de amor não são para comunicar informações. Elas são para serem tocadas, beijadas, guardadas debaixo do travesseiro, dentro da carteira. Goethe põe as seguintes palavras na boca de um escritor de cartas amoroso: "Por que me vejo novamente compelido a escrever? Não é preciso, querida, fazer pergunta tão evidente, porque, na verdade, nada tenho para te dizer. Entretanto, tuas mãos queridas receberão este papel...".

Escreve-se uma carta não para dar notícias, mas para abraçar de longe e, assim, burlar um pouco a saudade...

Pus ao meu lado um livro com um título estranho: *Ooó do vovô*. Ele contém as cartas que Guimarães Rosa escreveu para suas netas Vera e Beatriz Helena. São uma delícia! Cheias de desenhos feitos pelo vô João, inclusive um autorretrato a lápis de cor, figuras de animais e gravuras divertidas. Eu fazia a mesma coisa. Faz uns tempos encontrei no meio das minhas bagunças uma carta em que as estórias que eu contava eram ilustradas com desenhos.

Eu estava no UTS para participar do PARS, o programa ecumênico. Mas resolvi que iria aproveitar o tempo e fazer um mestrado.

Teologia. Vocês, que só sabem por ouvir dizer, vou explicar o que é que um teólogo faz, do meu jeito de hoje.

Um teólogo é um Robinson Crusoé ao contrário. Vocês se lembram da história. Ele naufragou, chegou a uma ilha e conseguiu sobreviver por muitos anos usando sua inteligência e braços. Ele estava certo de que era o único habitante da ilha.

Aconteceu, entretanto, que, andando pela praia, ele viu marcada na areia uma pegada que não era a sua. Ficou assustadíssimo e com muito medo. O dono daquela pegada... quem seria ele? Daí para a frente, não teve sossego. Só pensava numa coisa: "Quem será esse ser que nunca vi, mas que deixou suas pegadas na areia?".

Disse que os teólogos são o Robinson Crusoé ao contrário. Vou explicar. Morando nesta ilha chamada universo, concluíram, por medo e pensamento, que um ser que nunca viram mora nele também. De tanto imaginar, chegaram a ponto de descrever e contar estórias sobre esse ser. Os teólogos, isto é, os homens que pensam esse ser, chegaram a escrever longos tratados sobre a anatomia e a fisiologia divinas. E, de tanto repetir, acabaram por acreditar nas estórias e fotografias que a imaginação e a razão contaram. A esse ser invisível deram o nome de "Deus". Mas havia um problema: onde estavam as pegadas que esse ser misterioso deixou sobre as areias do universo? Como são as marcas que ele deixa no universo quando caminha por ele?

Alguns dizem que por onde ele passa acontecem milagres. Há poucos dias, comentando a sorte de sua filha que escapara viva de um desastre de avião em que todos os outros morreram, o pai concluiu: "Foi Deus que a salvou...". Não sei o que disseram os parentes dos outros que morreram. Deus bem que poderia ter salvo seus queridos também. Não lhe custaria nada...

Outros afirmam que a marca da sua presença é o sucesso econômico daqueles que lhe obedecem.

Alguns há que dizem, ao contrário, que Deus deixa suas pegadas na alma sob a forma de sentimentos de paz e bondade. No momento, para mim, as pegadas do divino têm sempre a forma de beleza. Eu e a Helena Kolodi somos da mesma opinião. Foi assim que ela disse: "Rezam meus olhos quando contemplo a beleza. A beleza é a sombra de Deus no mundo".

Mas, naquele tempo, o meu interesse era a política. E eu estava explorando a seguinte tese: "As pegadas de Deus no mundo são éticas. Deus está presente em toda luta para fazer o mundo mais justo. A luta dos negros contra a segregação racial, a luta dos países pobres e explorados contra os países ricos que se enriquecem cada vez mais às suas custas, a luta dos povos dominados por tiranias políticas: todas essas lutas políticas são pegadas que o Deus ético deixa no mundo".

E eu estava especialmente interessado no que estava acontecendo no Brasil. 1963. A política fervia com a conversa sobre as grandes reformas. Era como se o país estivesse às vésperas de uma grande transformação, uma revolução. E foi sobre isso que escrevi: *Uma interpretação teológica do sentido da revolução no Brasil.*

NO METRÔ, O MEDO ME PEGOU

A saudade me fez trabalhar muito. Trabalhava para esquecer a saudade. E trabalhava para terminar logo a minha tese, antes do tempo. Porque assim eu voltaria antes.

O momento da liberdade chegara. Eu tinha terminado todas as minhas obrigações acadêmicas. Estava livre para vagabundear, para excursionar pelos assombros daquele circo chamado Nova York.

Eu estivera vagabundeando pelo *downtown* de Nova York o dia todo. Agora voltava para casa, cansado de andar, feliz, no vagão do metrô, relaxado...

Do outro lado do vagão, à minha frente, um homem lia um jornal. O jornal estava aberto e cobria o seu rosto. Olhei para a primeira página que estava voltada para mim e li a manchete.

Gelo começou a percorrer as minhas veias. Meu corpo inteiro ficou congelado. Todo o meu futuro, a alegria do retorno a meu país e à minha família foram pulverizados por aquela manchete. Ela dizia:

"*Revolution in Brazil.*"

Era o dia 1º de abril de 1964.

Eu conhecera muitos medos. Mas eram medos de localização precisa. Eu sabia o que eles podiam me fazer. E eu sabia como me defender. Eram medos honestos, de cara limpa.

Agora era um medo novo que eu desconhecia. Eu o conheci quando o gelo entrou no meu sangue.

Era medo no seu estado puro. Não era medo disto ou daquilo. Era medo misturado com o ar. Não havia formas de fugir dele, de me defender dele. Medo sem cara. Medo que não se sabe o que ele vai fazer. Comecei a ter medo de voltar para casa.

No dia 1º de abril de 1964, às quatro da tarde, num metrô de Nova York, começou um novo tempo para mim: o tempo do medo.

CONHEÇA OUTROS TÍTULOS DO AUTOR

Rubem
Alves
A GRANDE
ARTE DE
SER FELIZ
PAIDÓS

Rubem Alves
essencial
300
PÍLULAS DE
SABEDORIA
PAIDÓS

Acreditamos nos livros

Este livro foi composto em Garamond
Premier Pro e impresso pela Geográfica para a
Editora Planeta do Brasil em setembro de 2025.